JN066257

The ABC's of Foreign Language Education in Elementary School

小学校の外国語活動・外国語科基本の き

酒井英樹［著］
Sakai Hideki

大修館書店

はじめに

1. 本書の目的

　本書の目的は，小学校における外国語活動及び外国語科の具体的な進め方と，小学校外国語教育に関する基本的な知識を，できるだけわかりやすく紹介することです。平成 29（2017）年 3 月に告示された小学校学習指導要領において，外国語活動の実施が早期化され，第 3 学年と第 4 学年で年間 35 単位時間（週 1 時間相当）の外国語活動が行われることになりました。また，第 5 学年と第 6 学年においては教科化され，年間 70 単位時間（週 2 時間相当）の外国語科が導入されました。2020 年度より完全実施されています。本書の内容は，これらの変更を踏まえ，『小学校の外国語活動　基本の「き」』（2014）を大幅改訂したものになっています。

　依然として，外国語活動や外国語科を指導することに対して不安や戸惑いを感じる先生方もたくさんいらっしゃいます。担当する学年が変更となり，初めて外国語活動や外国語科を担当することになった先生もいます。また，中学校での指導経験のある先生が専科教員として小学校外国語科を担当することもあります。そのような小学校外国語教育ビギナーの先生を本書の読者として念頭に置きました。また，将来，小学校教師を志望している学生や，外国語活動や外国語科を教えながらも授業の方向性がわからなくなってしまった先生も読者として想定しています。本書を通じて，外国語活動及び外国語科の授業実践を行う自信を持っていただけたら幸いです。

2. 本書の考え方

　小学校学習指導要領の改訂に伴い，理解すべきことが多くなっています。また，教科化されたことにより，どのように指導すべきかという考え方も更新する必要が生じています。情報量は多くなりますが，改訂にあたっては，外国語活動及び外国語科の基本の「き」を必要としている先生のために，私なりの言葉でわかりやすく説明することを心がけました。特に，今回の改訂

の大きな変更点である，(1) 外国語活動と外国語科の指導の違い，(2) 3つの柱からなる資質・能力の捉え方と 3 つの観点による評価の方法，(3) 言語活動を通した指導方法，の 3 点について理解してもらいたいと願っています。

　また，初心者であっても，「なぜここでそのような対応をするのか」「なぜこのような手順で進めるのか」ということをきちんと知りたい，という気持ちがあると思います。本書の中では，なぜそうするのか，なぜそうした方がよいのか，という背景となる考え方も紹介していきます。

　基本の「き」を学びながら，外国語活動・外国語科の授業を進めるにあたって必要な技能や知識を身につけられるとよいと思っています。

3. 本書の構成

　本書は，3 部構成となっています。

　第 1 部「これだけはマスターしたい　外国語活動の基本の「き」」と，第2 部「これだけはマスターしたい　外国語科の基本の「き」」では，外国語活動と外国語科の 1 時間の授業の流れに応じて，活動の具体的な進め方を示しながら，活動を進める際のポイントやバリエーションの付け方を説明します。また，背景となる基本的な考え方について紹介します。

　第 3 部「これを知っていれば心強い　基本の「き」」では，教育課程に位置づけられている外国語活動・外国語科の理念について説明します。学習指導要領，コミュニケーションを図る資質・能力，コミュニケーション能力，言語活動，学年ごとの目標（CAN-DO リスト），そして学習評価を取り上げます。また外国語の教え方・学び方についての理論の基本を紹介します。

　また，発展的な内容を精選し，コラムを書きました。音の変化，ティーチャー・トーク，ICT 活用，ティーム・ティーチング，授業作りの際に大切にしたい 3 つのポイントである 3K，という 5 つのトピックを取り上げました。

　本書は第 1 部から読んでいただくと，外国語活動の授業の進め方⇒外国語科の授業の進め方⇒背景となる知識，というように段階を追って理解できま

す。現在，外国語科の授業を担当されている方は第2部から読み始めていただいても構いません。また，学生の皆さんは，第3部から読んでいただき，基本的な背景知識を理解した上で，第1部と第2部の実践的な内容に読み進めてもよいと思います。

5．謝辞

　前書，『小学校の外国語活動　基本の「き」』（2014）執筆の際には，髙橋渉氏，田中江扶氏，浦野研氏，Colleen Dalton 氏，Brian Wistner 氏，田中真由美氏，矢萩美貴氏，小池浩子氏からは貴重な助言をいただきました。今回は，矢野司氏，水上直子氏，徳永典子氏，小林哲也氏，早川優子氏，佐藤岳人氏，吾妻このか氏にお読みいただき，貴重なフィードバックをいただきました。また，講義，演習，研修会，講演において，数多くの方からの質問や意見，感想をいただいたことが，本書の元となっています。前書に引き続き，大修館書店の北村和香子氏には，本書の執筆の機会を作ってくださり，また励ましと助言をいただきました。皆様に，心より感謝申し上げます。

2023 年 2 月　酒井英樹

目次

第2部　これだけはマスターしたい 外国語科の基本の「き」

第3部　これを知っていれば心強い 基本の「き」

序章
授業展開の基本の「き」

序章のキーワード
▶外国語活動の授業展開　▶外国語科の授業展開
▶3K（聞くこと，考えること，関わること）　▶受信から発信へ

序章では，授業展開の基本の「き」を説明します。また，言語活動を通した指導を説明します。

① 8つの活動から成る授業展開

本書で提案する外国語活動と外国語科の授業の流れとして，次に示すような8つの活動から成る授業展開を提案します。具体的な指導内容と時間配分の目安は，それぞれ第1部と第2部を参照してください。

外国語活動の授業展開	外国語科の授業展開
①始まりのあいさつ	①ウォームアップ
②ウォームアップ	② Today's Goal の設定
③ Today's Goal の設定	③聞く活動
④聞く活動	④ペアトーク1
⑤モデルの提示	⑤共有
⑥語句や表現の練習	⑥ペアトーク2
⑦コミュニケーション	⑦書く活動
⑧振り返りと終わりのあいさつ	⑧振り返り

外国語活動では，「始まりのあいさつ」と「終わりのあいさつ」を明示しています。これは，外国語活動の領域別の目標（「話すこと［やり取り］」の

中に，あいさつが取り上げられているためです（141-142ページ参照）。外国語科の授業展開では始まりと終わりのあいさつを明示していませんが，あいさつをして授業を開始したり終了したりしましょう。

② 授業展開のポイント

1．3K を大切にする

　ここで提案する授業展開では，3K を大切にしています。3K とは，外国語活動や外国語科を進めるにあたって大切にしたい**3 つのポイント（聞くこと，考えること，関わること）**を示しています（コラム E（196 ページ）参照）。英語を聞くことの多い授業，頭を働かせて考えながら参加する授業，安心感を持ってみんなと活動に取り組める授業を目指しましょう。

（1）「聞くこと」に関して

　外国語活動においても外国語科においても，1 時間の授業の中で英語を聞く時間を多くとっています。外国語活動においては，Today's Goal の設定の後，④聞く活動（教材の英語の音源を聞く），⑤モデルの提示（教師の英語を聞く），⑥語句や表現の練習（聞くことの練習から始める），⑦コミュニケーション（友だちの英語を聞く）という活動があります。

　外国語科においては，①ウォームアップ（友だちの英語を聞く），③聞く活動（教師の英語を聞いたり，教科書の英語の音源を聞いたりする），④ペアトーク 1（友だちの英語を聞く），⑥ペアトーク 2（友だちの英語を聞く）という活動の中で英語を聞く時間を設定しています。

（2）「考えること」に関して

　考えることに関しては，できるだけコミュニケーションする場面を多くし，機械的な練習活動を少なくすることによって，児童が「何を言っているんだろうか」と頭を働かせられるようにしています。

　また，Today's Goal としてコミュニケーションを行う目的や場面，状況

等を設定することによって，何を伝えたいのかを考えながら英語を話したり，相手のことを知りたいと思いながら相手の話す英語を聞いて，その意味を考えたりできるようにしています。

(3)「関わること」に関して

　関わることに関しては，ペア活動（ウォームアップ，コミュニケーション，ペアトーク1，ペアトーク2）を通して友だちと交流する機会を増やし，良好な人間関係を構築し，安心感を持って授業に取り組めるようにします。

　また，Today's Goal を設定し，児童が目的意識を持ち，自分ごととして活動に取り組めるようにしています。

2.　受信から発信への流れを大切にする

　授業展開においては，受信から発信への流れを大切にしました。つまり，「聞くこと」を十分行ってから，「話すこと」の活動を行うようにしています。特に，英語学習の初期段階である外国語活動においては，**話すことを急かさない**ようにすることが重要です。

　外国語活動においても外国語科においても，「Today's Goal の設定」の後に，「聞く活動」を設定してから，「コミュニケーション」や「ペアトーク」に移るようにしています。外国語活動では，「モデルの提示」の中で教師の英語を聞いたり，「語句や表現の練習」では，聞くことの練習から始め，話すことの練習に移ったりするようにします。

　時折，まだ英語を話すことの**レディネス**（準備）が整っていないうちに，話す活動をさせている授業を見かけますが，「話すこと」ばかりで構成される授業や，十分に英語を聞く機会のない授業は，入門期には，第二言語習得や情意の点から避けたいものです。

　第二言語習得理論では，たくさんの，また多種多様なインプットのメッセージを理解することによって言語習得が進むと考えられています（188-190ページ参照）。

　また，レディネスが整わないうちに英語を話さなくてはならない状況は，

児童の不安を高めてしまう危険性があります。話す順番が来る前からそわそわして，隣にいる友だちにどのような英語を言えばよいのか確認したり，英語らしくない音声で発音していたり，発音をノートに書き留めようとしていたりといった姿が見える時，児童の中ではまだ話すことのレディネスが整っていないと考えた方がよいでしょう。不安が高まってしまうと，教師や友だちが話す英語のメッセージを理解する余裕がなくなってしまいます。また，外国語活動や外国語科の中で不安を感じる経験が続くと，英語が嫌いになってしまうこともあります。

　授業展開の基本の「き」では，「ウォームアップ」の段階で「話すこと」を含む活動が位置づけられています。しかし，ここでは，**既出の表現を用いて話すのであり，習ったばかりの表現を話さなくてはならない活動ではない**ため，話すことの不安を高めることはありません（第1部2章と第2部1章参照）。

3．短い活動から成る授業展開にする

　授業を構成する方法にはさまざまな考え方があります。例えば，学習問題を提示し，課題を解決する見通しを持たせていくという課題解決型の授業展開があります。また，1時間の授業内では収まらない学習を複数の授業時間にまたがって展開する方法もあります。

　本書で提案する授業展開の基本の「き」は，**短い活動を重ねて1時間の授業を構成しよう**とするものです。次の利点があると考えます。

　第1に，**児童が授業展開の見通しを持ちやすい**ことが挙げられます。授業で行われる活動が，毎回同じであることによって，児童は授業展開の見通しを持つことができ，不安を軽減することができます。

　また，授業展開の見通しを持つことによって，**主体的に学ぶ姿勢も持つ**ことができます。例えば，毎回ウォームアップで Small Talk を行うとわかっていれば，児童は「次回は○○さんと話してみたいな」とか「今日は自分から質問できなかったけど，次回は質問してみたいな」という願いや目標を持ちながら授業に参加することができるでしょう。

　第2に，**教師が授業構成を考えやすい**という利点があります。「授業展開の基本の「き」」は，各活動にそれぞれ目的があります。その目的を理解することによって新たな活動を授業の中に位置づけることができます。

　研修会や書籍などから新たな活動（歌，ゲーム，アクティビティーなど）を仕入れても，いざ自分の授業の中で実践しようとした時に，どのように組み入れてよいのか戸惑ってしまうことがあります。例えば，「○×クイズ」を学んだとします。これは，Mr Sakai can ski. Yes or no? と問いかけ，Yes だと思ったら教室の一方（例えば窓側）に，No だと思うなら反対側（例えば廊下側）に移動させるクイズです。このクイズは，英語を聞いて，身体を動かして反応する活動です。活動の目的は「聞く」ことであると考えて，「聞く活動」のレパートリーとして取り入れることができます。

③ バリエーションの付け方

1. 順番を変える

　最初のうちは，「授業展開の基本の「き」」の流れに従って，授業を行っていきましょう。そのうちに慣れてきたら，活動の順番を入れ替えてみてもよいでしょう。例えば，「Today's Goal の設定」と「聞く活動」を入れ替えることができます。その場合には，「聞く活動」の内容に関連づけながら，Today's Goal を設定するとよいでしょう。

2. 単元の位置によって，活動を省いたり時間配分を変えたりする

　当該授業が，単元の始めに位置するのか終わりに位置するのかによって，活動を省いたり，時間配分を変えたりすることができます。

　例えば，単元の最初の頃の授業では，外国語活動においても外国語科においても，「聞く活動」の時間を十分とって，言語材料（語句や表現）の導入を行ったり，使い方を示したりすることができます。

　一方，単元終末の授業では，外国語活動においても外国語科においても，「聞く活動」を省いて，「コミュニケーション」や「ペアトーク」の時間を

十分にとるとよいでしょう。また，「振り返りと終わりのあいさつ」や「振り返り」の時間を長くして，授業の振り返りだけでなく，単元全体の振り返りをさせてもよいと思います。

④ 背景となる考え方—言語活動を通した指導

「授業展開の基本の「き」」で提案する授業展開は，平成 29（2017）年告示の小学校学習指導要領の考え方，つまり，**言語活動を通してコミュニケーションを図る素地や基礎となる資質・能力を育成する**という考え方に基づいて作られています（第 3 部 1 章参照）。

第 1 に，言語活動を大切にしています。言語活動とは，コミュニケーションを行う目的や場面，状況等が設定された活動です。そのため，外国語活動においても外国語科においても Today's Goal を設定し，児童にとって目的や場面，状況等が明確になるようにしています。

第 2 に，言語活動を通して「慣れ親しみ」や「身につけること」を指導していく展開となっています。外国語活動においては，**「慣れ親しみ」の指導手順**である，言語材料の導入（「聞く活動」や「モデルの提示」），言語活動の練習（「語句や表現の練習」），コミュニケーションという流れを取り入れています。いわゆる **PPP** という展開です（第 1 部 5 章及び第 3 部 4 章参照）。

一方，外国語科では，「慣れ親しみ」の指導手順と，「身につけること」の指導手順の両方を組み合わせています。「慣れ親しみ」の指導手順としては，「③聞く活動」の中で，言語材料（語句や表現）の導入と練習を行い，「④ペアトーク 1」でコミュニケーションします。また，**「身につけること」の指導手順**としては，「④ペアトーク 1」で言語活動を行い，「⑤共有」で学ぶ活動を行い，「⑥ペアトーク 2」で言語活動を繰り返します。**Do—Learn—Do Again** という流れになっています（第 2 部 5 章及び第 3 部 4 章参照）。

第 1 部と第 2 部では，それぞれの授業展開にしたがって，外国語活動と外国語科の授業の進め方を説明していきます。

第1部

これだけはマスターしたい
外国語活動の基本の「き」

1時間の授業の流れに沿って
基本的な考え方を理解する

　第1部では，外国語活動の授業を進めていくための基礎的・基本的な技能や知識を扱います。

　1時間の授業を8つの活動に分けます。「慣れ親しみ」の指導手順です。それぞれの活動の進め方（手順，ポイント，バリエーションの付け方）を具体的に示した後に，背景的な考え方を解説するという構成となっています。

　実際に声を出したり，動作をイメージしたりして，児童が目の前にいるつもりになって読んでみてください。

　第 1 部では第 3 学年及び第 4 学年における外国語活動の授業を解説します。外国語活動の教材として用いられている文部科学省の *Let's Try! 2*, Unit 7, What do you want? を例に取り上げます。果物や野菜の具材を集めて，オリジナルのパフェやピザを作って紹介するという単元です。多くの先生方にとって取りかかりやすく，応用しやすく，日常的に行える授業展開として，8 つの短い活動を含む授業展開を提案します。

　①始まりのあいさつ（2 分）

　②ウォームアップ（5 分）

　③ Today's Goal の設定（3 分）

　④聞く活動（10 分）

　⑤モデルの提示（5 分）

　⑥語句や表現の練習（5 分）

　⑦コミュニケーション（10 分）

　⑧振り返りと終わりのあいさつ（5 分）

という 8 つの活動です（時間配分は目安です）。これは，言ってみれば，外国語活動の基本メニューです。

　第 1 部では，これら 8 つの活動ごとに，授業をどのように展開していけばよいかを説明していきます。それぞれの活動のポイントやバリエーションの付け方を示します。さらに，その活動や指導の背景となる考え方を紹介します。

※本章で扱う授業展開は，*Let's Try! 2* 付録の学習指導案例とは異なる指導手順になっています。*Let's Try! 2* の学習指導案例に関心のある方は文部科学省のウェブサイトを参照してください。

（https://www.mext.go.jp/b_menu/shingi/chousa/shotou/123/houkoku/1382162.htm）

第 1 部で扱う外国語活動指導案

対象学年： 第 4 学年

教材： *Let's Try! 2*, Unit 7, What do you want?, p. 28

本時の位置： 5 時間中第 3 時

本時のねらい： オリジナルのフルーツパフェを紹介する。

関連する領域： 話すこと［発表］イ及びウ（143-144 ページ参照）

言語材料：

　［語句］【既出】色，果物，数など

　　　　　【新出】果物・野菜（vegetable, potato, cabbage, corn, cherry），

　　　　　　　　　飲食物（sausage）

　［表現］【既出】I like 〜 . / What color[food] do you like? / I have 〜 . /

　　　　　　　　　Do you have 〜 ? / Yes, I do. / No, I don't. / How many? など

　　　　　【新出】What do you want? / I want 〜, please.（本時では扱わない）

授業展開：

	基本メニュー	学習活動	時間
1	始まりのあいさつ	あいさつをする。	2 分
2	ウォームアップ	既出の表現を使ってペアでやり取りする。	5 分
3	Today's Goal の設定	本時のめあてを把握する。	3 分
4	聞く活動	英語を聞いて語句を聞き取ったり，表現の意味がわかったりする。	10 分
5	モデルの提示	どのような言語活動をすればよいか把握する。	5 分
6	語句や表現の練習	語句や表現を練習する。	5 分
7	コミュニケーション	メインの言語活動を行う。	10 分
8	振り返りと終わりのあいさつ	授業を振り返り，あいさつをする。	5 分

1 始まりのあいさつ
―教室英語の基本の「き」

第1章のキーワード
▶活動を導入する表現　▶児童を動かす表現　▶児童をほめる表現

　本章は，「始まりのあいさつ」に焦点をあてます。学校生活の中で授業を開始したり終了したりすることは日常的な行為なので，あいさつはそれほど重要でないと思うかもしれません。しかし，外国語活動を児童とのコミュニケーションの時間として捉えてみると違った見方ができます。授業の開始は，児童との英語によるコミュニケーションの開始を意味します。また，授業の終了は，児童との英語によるコミュニケーションの終了を意味します。「始まりのあいさつ」や「終わりのあいさつ」は，コミュニケーションを適切に開始したり終了したりする方法を提示する絶好の機会であると言えます。

① 基本的な教室英語

　さっそく「始まりのあいさつ」をやってみましょう，と言いたいところですが，その前に「これだけはマスターしたい」教室英語を紹介します。英語を使って外国語活動を進める第一歩となる表現は，**1. 活動を導入する表現**，**2. 児童を動かす表現**，**3. 児童をほめる表現**，の3種類です。

1. 活動を導入する表現

　活動を導入するための英語表現としてまず覚えてほしいのは，Let's 〜 . です。「〜しましょう」と言って活動を導入する時に使えます。

● 歌を導入する時 ……………………… Let's sing.
● ゲームをする時 ……………………… Let's play Keyword Game.
● 練習する時 …………………………… Let's practice.
● （活動などを）始める時 ………… Let's start.
● （歌などを）聞かせたい時 ……… Let's listen.
● 励ましたい時 ………………………… Let's try.

これらの中でも，**Let's sing. / Let's play** ☐. （☐の部分にはゲーム名が入ります）/ **Let's start.** という 3 つの表現は，さまざまな場面で使える基本的な表現です。

2. 児童を動かす表現

どのような活動を行うかによって，児童を動かすために必要な表現は異なりますが，ここでは基本的な表現を示します。

● 立たせる時 …………………………… Stand up.
● 座らせる時 …………………………… Sit down.
● グループを作らせる時 …………… Make groups.
● ペアを作らせる時 ………………… Make pairs.
● 聞いてほしい時 …………………… Listen.
● 何かを見せたい時 ………………… Look at ☐.
● 教師のモデルを見せたい時 ……… Watch me （もしくは us）.

これらの中でも，外国語活動では児童を立たせて動かす活動が多いので，**Stand up. / Sit down.** は重要な表現です。

慣れてきたら，Please stand up. や Stand up, please. のように，**please**（プリーズ）を付けましょう。

3. 児童をほめる表現

ほめる表現には次のようなものがあります。

- **Good. / Very good. / Great. / Excellent. / Perfect. / Wonderful. / Super.**（形容詞表現。excellent 以外は日本語の中でもカタカナ表記でよく使われる表現なので理解しやすいでしょう。）
- **Good try. / Good job.**（「形容詞＋名詞」の組み合わせで用いる。）
- **I like ⬚ .**（□には，**your smile** や **your voice** などが入る。）

　最初のうちは **Good.** だけでもよいと思いますが，慣れてきたら **A-san, very good.** というように，児童の名前を付けてほめてあげるとよいでしょう。児童を個別に認めてあげることができます。

　また，**Good eye contact.** のような「**形容詞＋名詞**」の組み合わせを使うと，どの点が良かったかを児童に伝えることができます。

　ここでは基本的な教室英語を紹介しました。教室英語についてもっと学びたい人は『小学校外国語活動・外国語研修ガイドブック』（文部科学省，2017, pp. 118-129）を参照してください。

② 始まりのあいさつの手順

　それでは基本の教室英語を使いながら，「始まりのあいさつ」をやってみましょう。始まりのあいさつの手順は，**1. 立たせる**，**2. あいさつをする**，**3. 座らせる**，の 3 段階です。

1. 立たせる

　教室に入り，教材や機器などの準備が終わったところで，クラスを見まわします。そして，**Let's start. Stand up, please.** と言います。必要に応じて，**A-san, stand up, please.** というように，個別に声をかけてもよいと思います。

2. あいさつをする

あいさつのやり取りは，次のようになります。

教師： Hello, class.

クラス：Hello, Mr Sakai.

Hello だけでなく，**Good morning.**（午前中に用いる表現），**Good afternoon.**（午後に用いる表現）も使えます。また，class という呼びかけの代わりに everyone と呼びかけることもできます。

3. 座らせる

あいさつが終わったら，**Very good.** とほめてから，**Sit down, please.** と指示して着席させます。

③ 始まりのあいさつのポイント

1. 良好な人間関係のためのあいさつを心がける

アイコンタクトのあるあいさつや，大きい声のあいさつを心がけましょう。アイコンタクトをして Hello.（あるいは，Hi.）と言うことができれば，初対面の人に話しかけるきっかけを作れます。気持ちのよいあいさつをすれば，人間関係を良好にすることができるでしょう。誰に向かって言っているのかわからないようなあいさつ（声の小さいあいさつや，目を合わせないあいさつ）では，失礼になることもあります。このように考えると，授業の開始のあいさつは，良好な人間関係作りに関する重要な指導場面と言えるでしょう。

2. 名前の呼び方に気をつける

Mr（ミスター）や Ms（ミズ）は，名字（姓）と一緒に用います（例：Mr Sakai）。Mr Hideki（Mr ＋名）というのは変な言い方になりますので注意しましょう。

　児童に ALT の先生を名（given name）で呼ばせているのを見かけること
があります（例：Hello, Brian.）。しかし，欧米の小学校でも教師に対して
は「Mr / Ms ＋姓」で呼びかけることが一般的ですので，児童が教師に名だ
けで呼びかけることは避けた方がよいのではないかと思います。「**Mr / Ms
＋姓**」の言い方をさせたり，「〜先生」（例：Hello, Brian sensei.）を付けさ
せたりしましょう。

　また，日本人の名前は**「姓」＋「名」**の順番（例：Sakai Hideki）で表現し，
逆転させる必要はありません。日本人の姓名の表記について，第22期国語
審議会の答申「国際社会に対応する日本語の在り方」（2000）では「ローマ
字表記においても『姓－名』の順（例えば Yamada Haruo）とすることが
望ましい」としています。名前は個人や民族のアイデンティティーと強く関
わっていますので，文化固有の表記を尊重するべきでしょう。

3. 児童とコミュニケーションする気持ちを大切にする

　人と会った時に，あいさつをせずに，いきなり本題の話に入ることはめっ
たにありません。あいさつを交わすことは，人間関係を始めたり作ったりす
ることを助けます。つまり，児童との人間関係を構築しているのだという意
識を持って，あいさつすることが重要です。

4. 児童のあいさつを受け止める

　教師も，児童一人一人の顔を見ながら Hello, class. とあいさつしたいもの
です。また，児童が大きな声で明るくあいさつをしてくれたら，**I like your
"hello." Very nice.** と言って，どのように児童のあいさつを受け止めた
のかを児童に伝えることも重要です。

④ バリエーションの付け方

　あいさつの後に，英語で簡単な話をしたり，児童と英語でやり取りをした
りすることができます。その際に, How are you?, How is the weather? といっ

た質問がよく使われますが，**機械的なやり取りにならないようにする**ことが重要です。

　ある授業でのことです。先生が How are you? と児童たちに質問していきました。ある児童が，I'm happy. と答えました。その先生は，Why? と尋ねましたが，児童は黙っていました。すると，その先生は，I know the answer. Can I? (Can I tell it to the class? の意味) と言いました。児童はうなずきました。そこで先生は，Today he has a new baby. A new sister. (「今朝，妹が生まれた」という意味) とクラスに向かって言いました。それを聞いていた児童の 1 人が，Happy birthday! とつぶやき，それをきっかけにクラスに拍手が起こりました。

　このやり取りで話された英語は文法的には正しくないところもあります。しかし，How are you?, I'm happy. という，ややもすれば機械的なやり取りになりがちな表現であっても，先生と児童たちの間で心温まるコミュニケーションが可能であることを示しています。「始まりのあいさつ」のポイント 3 として挙げた「児童とコミュニケーションする気持ちを大切にする」ことに留意しましょう。

⑤ 背景となる考え方―英語によるあいさつ

　授業の開始場面でなぜ英語であいさつをするのでしょうか。外国語活動の領域別の目標では，「話すこと［やり取り］」の目標アとして「基本的な表現を用いて挨拶，感謝，簡単な指示をしたり，それらに応じたりするようにする。」と記されています（領域別の目標については，142-143 ページを参照）。つまり，適切にあいさつをしたり，応じたりすることを指導することになります。毎回の授業で，英語であいさつしながら，体験的に学ばせることができます。

　あいさつだけではなく，できるだけ授業の活動は英語で指示をするとよいと思います。簡単な指示をしたり，応じたりすることも指導内容となっています。英語母語話者や英語が堪能な方が教室にいる場合には，さまざまな活

動においてあいさつや指示の言い方や使い方を教えてもらいながら，語句や表現の幅を広げるようにするとよいでしょう（コラム D（125 ページ）の「言語のインフォーマント」参照）。

　また，あいさつはコミュニケーションを開始したり終了したりする際に用いられます。適切にあいさつできることは，場面にふさわしい言語使用のできる能力，すなわち社会言語学的能力（149-150 ページ参照）の一部であると考えられます。教師の方を見ずに，いいかげんにあいさつをしている児童がいたら，「そんなあいさつをしていたら，いろいろな人ときちんとコミュニケーションをすることはできないよ」と指導したいものです。

2 ウォームアップ
―「話すこと［やり取り］」の基本の「き」

第2章のキーワード
▶インタビュー・ゲーム　▶アイコンタクト
▶コミュニケーションするよろこび

　本節では，ウォームアップの活動としてインタビュー・ゲームを紹介します。ここでは外国語活動で扱う「話すこと［やり取り］」の指導を行います。

① インタビュー・ゲームの手順

　基本の教室英語を使いながら，インタビュー・ゲームを行ってみましょう。3人に英語で質問し，答えてもらったら座席に戻る「**スリー・フレンズ・ゲーム**」（Three Friends Game）という活動です。ゲームの手順は，**1. やり方を示す，2. 開始を指示する，3. 終了を指示する**，の3段階です。

1. やり方を示す

　Let's play "Three Friends Game." と言って活動に入ります。その際，*Let's Try! 2* の 26-27 ページの絵（市場にメロンやリンゴなどの果物が並んでいる絵）を見せて，やり取りをする際のヒントを示すようにします。次にやり方について教師がモデルを示します。

- Stand up. と言い，立ち上がる動作をする。
- Walk around. と言いながら歩き回る。1人の児童の前で立ち止まり，目を合わせながら Hello. と声をかけ，手を振る。
- 例えば，A-san, what fruits do you like? と質問する。質問は，すで

27

に慣れ親しんでいる既出の表現を選ぶ。

- 児童がApple. と答えたら，Oh, apples? You like apples. I see. と繰り返して，児童の答えを理解したことを示す。
- Thank you. と言い，手を振る。
- さらに2人に対して同様に質問する。
- 質問した3人を示しながら，One. Two. Three. とカウントする。そして，Three friends. OK? と言う。
- 元の位置に戻り，Sit down. と言いながら，座る動作をする。

2. 開始を指示する

　Let's play "Three Friends Game." Please stand up. Let's start. と言って，同じ質問を3人にする活動を開始するように指示します。

3. 終了を指示する

　質問を終え着席した児童たちに，A-san, good eye contact. や B-san, I like your smile. Wonderful. というように声をかけます。児童をほめる表現です。大半の児童が席へ戻ってきたら，Please stop the game. Please sit down. と言って活動を終わらせます。

② インタビュー・ゲームのポイント

1. やり取りする順番を決めてしまわない

　スリー・フレンズ・ゲームでは，じゃんけんで質問する順番を決めませんでした。そのため，自分から声をかけたり質問したりする機会が児童に与えられています。**自ら話しかけている児童の姿**は，コミュニケーションに取り組もうとする意欲を持っていると考えられます。仲のよい友だちだけでなく，普段あまり話をしないクラスメートに話しかけているかどうか，男女関係なく話しかけているかどうか，児童の関わりの姿を把握したいものです。

　仲のよい友だちとしか関わることができなければ，文化の異なる人たちと関わることができるとは思えません。逆に，あまり話をしないクラスメートに話しかけている姿は，さまざまな文化の人たちと出会った時に積極的に関わっていこうとする態度につながると考えられます。**異文化間コミュニケーションへの第一歩はクラスメートとのコミュニケーションから始まります。**

2. 教師が声をかけてしまわない

　なかなか話しかけに行けない児童に，教師が率先して声をかけている場面を見かけます。しかし，教師が動くのではなく，児童に行動するように促しましょう。そのような時には，別の児童に，「○○さんのところに行って話しかけてごらん」と促します。他の児童の様子に配慮しながら，積極的に関わっていける児童を育成したいものです。

3. ALT に児童が来るのを待ってもらう

　異なる文化背景を持つ ALT とのティーム・ティーチングの授業では，児童が声をかけてくるのを ALT に待ってもらうようにします。文化や話す言葉，年齢などが異なる ALT に声をかけることは，案外勇気の要ることです。自分から ALT に話しかけることができた児童の姿を，ほめてあげることができます。

③ バリエーションの付け方

1. インタビュー・ゲームのやり取りを変える

　質問だけでなく，次のようなあいさつを扱うこともできます。特に，第3学年の外国語活動では，あいさつのやり取りから始めるとよいと思います。

例1	A：	Hello.
	B：	Hello.

29

例2　　A：　Hello. My name is A.

　　　　B：　My name is B. Nice to meet you, A.

　　　　A：　Nice to meet you too, B.

　今回は教師が質問（What fruits do you like?）を指定しましたが，どのような表現を用いてやり取りしたいかについて児童に考えさせることもできます。

2. インタビュー・ゲームの条件を変える

　スリー・フレンズ・ゲームでは，3人に話しかけるという条件で行いましたが，Five Friends Game や Ten Friends Game というように活動名を変えて，質問する人数を変えることができます。あるいは，**スリー・ミニッツ・ゲーム**（Three Minutes Game）のように，時間を設定してもよいでしょう。

④ 背景となる考え方―「話すこと［やり取り］」の言語活動

　外国語活動で指導する領域は，「聞くこと」，「話すこと［やり取り］」，「話すこと［発表］」の3領域です。**外国語活動では音声コミュニケーションを指導する**ことになります。「領域」と呼んでいますが，資質・能力の柱の1つである「知識及び技能」の「技能」と混同しないように，「領域」という言い方が使われています。

　インタビュー・ゲームは，「話すこと［やり取り］」の言語活動です。「話すこと［やり取り］」の目標イやウでは，自分の考えや気持ちなどを伝え合ったり，質問をしたり質問に答えたりするとされています（142-143ページ参照）。

　この言語活動の中で，語句や表現を用いたり（「知識及び技能」），やり取りを通して相手のことを知ったり，自分のことを伝えたり（「思考力，判断力，表現力等」），相手意識を持ちながら主体的にコミュニケーションを図ろうとしたり（「学びに向かう力，人間性等」）することを指導します。

1.「知識及び技能」の点から

　このインタビュー・ゲームでは，**すでに扱った語句や表現を用いて**ペアで伝え合うようにしています。外国語活動においては，**身につけることを目標とせず，語句や表現に慣れ親しむ**ことが目指されています。そのため，単元の活動の中で必要な語句や表現は，単元の中で導入し，その意味を理解させたり，語句や表現を聞いたり話したりする練習をさせたりすることが重要です（155-158 ページ参照）。単元のメインとなる言語活動で使えそうな語句や表現のうち，既出の語句や表現をインタビュー・ゲームで取り上げて，必要に応じて意味や発音などを確認するとよいでしょう。

2.「思考力，判断力，表現力等」の点から

　語句や表現を聞いて理解できたか，言えたか，だけではなく，やり取りを通して相手からメッセージを受け取ったり，相手にメッセージを伝えたりするという**コミュニケーションするよろこび**を味わえるようにしましょう（コミュニケーションについては，146-147 ページ参照）。「英語を言えましたか？」ではなく，「友だちと好きなものが同じでしたか？」「友だちの好きなものがわかりましたか？」といった，やり取りの内容に関する声がけをするとよいと思います。

3.「学びに向かう力，人間性等」の点から

　相手意識に関して，相手の英語をきちんと聞き取ろうとする姿，相手に対して丁寧に話しかけている姿，アイコンタクトをしながら話しかけている姿などは，**コミュニケーションする相手を尊重する態度**の現れとして捉えることができるでしょう。「外国語」活動というと，言語コミュニケーションだけに注目しがちですが，コミュニケーションに付随するさまざまな非言語的な要素も重要です。アイコンタクトが伝えるメッセージを児童に考えさせることも大切です。しっかり目を見て話すことによって相手を尊重する気持ちを表すことができるということに児童に気づかせたいものです。

3 Today's Goal の設定
―「目的や場面, 状況」の基本の「き」

第3章のキーワード
▶コミュニケーションを行う目的や場面, 状況　▶見通し
▶授業の流れの可視化　▶目的意識

　授業のメインとなる言語活動に関連づけて, Today's Goal（本時のねらいや目標）を児童と共有します。本章では, Today's Goal の設定と, 「コミュニケーションを行う目的や場面, 状況」の基本を扱います。

① Today's Goal の設定の手順

　Today's Goal の設定の手順は, **1. 前時の活動を振り返る, 2. Today's Goal を示す, 3. 見通しを持たせる**, の3段階です。

1. 前時の活動を振り返る

　まず前時の活動を振り返ります。前時では, What do you want? / I want ～, please. / How many? / ～, please. といったやり取りをしながら果物カードを交換することで, オリジナルのフルーツパフェを作りました。そこで, 「前回, フルーツパフェを作りましたね。自分の好みの果物を受け取って, オリジナルのフルーツパフェを作ることができましたか」と児童に問いかけます。「みんな, 自分の好みの果物を使って, 素敵なパフェが作れたようですね」と, 児童が Today's Goal への意欲を高められるようなやり取りをします。

2. Today's Goal を示す

　Today's Goal「お互いの好みの共通点を探すために, オリジナルのフルー

ツパフェを紹介しよう。」を示します。板書したり，Today's Goal を記載したカードを掲示したりします。復唱させてもよいでしょう。

3. 見通しを持たせる

Today's Goal に向かって，どのような活動を行うのかを確認します。例えば，次のように説明をします。

> まず，エミリー，サヨ，タケルがどんなフルーツパフェを作ったか聞きます。次に，先生がオリジナルのフルーツパフェを紹介するので楽しみにしてください。その後で，英語の語句や表現を練習して自信を持ちましょう。そして，好みが同じ友だちを探すために，ペアでオリジナルのフルーツパフェを紹介し合います。好みが同じ友だちがたくさんいたら嬉しいですね。

② Today's Goal の設定のポイント

1. 児童が行いたいと思う Today's Goal を提示する

児童が **Today's Goal を自分ごととして捉える**ことが重要です。前時を振り返りながら，「みんな，自分の好みの果物を使って，素敵なパフェが作れたようですね」というような声がけをして，他の児童がどのようなパフェを作ったのか関心を持つようにします。また，見通しを持つ際に，「次に，先生がオリジナルのフルーツパフェを紹介するので楽しみにしてください」とか，「好みが同じ友だちがたくさんいたら嬉しいですね」というように，**行いたくなる気持ちを高める声がけ**をするとよいと思います。

また，本章では「○○のために，〜を紹介しよう」という Today's Goal でしたが，目的と言語行為を逆転させて「オリジナルのフルーツパフェを紹介して，お互いの好みの共通点を探そう」という言い方にしてもよいでしょう。「ミッション」のような響きを持ち，児童が取り組みやすくなります。

また，外国語活動では，英語を学び始めた児童に Today's Goal を理解し

てもらうためには，**日本語で** Today's Goal を設定した方がよいでしょう。

2. 見通しを持たせる手順において授業の流れを可視化する

　見通しを持たせる手順において授業展開を可視化して，児童が授業の流れを把握しやすくしましょう。黒板に，各活動の名前が書かれたカードを貼っておきます。そして，活動のカードを指差しながら，それぞれの活動で何をするのかを伝えます。例えば，Model と書かれたカードを指差しながら，「次に，先生が作ったオリジナルのフルーツパフェを紹介するので楽しみにしてください」と説明します。

　授業中は，活動が終わったら１枚ずつ上や左右にずらしていくといった工夫をするとよいでしょう。下の図では，Today's Goal の設定が終わり，次は聞く活動である状況を示しています。

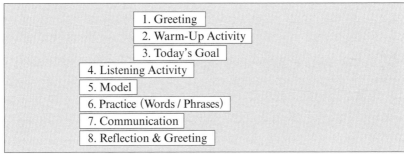

1. Greeting
2. Warm-Up Activity
3. Today's Goal
4. Listening Activity
5. Model
6. Practice（Words / Phrases）
7. Communication
8. Reflection & Greeting

活動が終わるごとに右側にカードをずらした例

③ バリエーションの付け方

1. 児童の思いから Today's Goal を設定する

　今回の例では，前回やったことを振り返りながら Today's Goal を設定しました。児童の思いに基づいて，Today's Goal を設定してもよいでしょう。前時の振り返りカードに書かれた「次は○○をやってみたいです。」といった児童の声を紹介してから，Today's Goal を提示します。

2. 教師や ALT の関心から Today's Goal を設定する

　教師や ALT が児童に聞いてみたいことから Today's Goal を設定することも可能です。例えば，ALT が自分の 1 日の過ごし方を紹介した後に，「みんなはどんな 1 日を過ごしていますか？」と児童に問いかけます。

④ 背景となる考え方―目的や場面，状況

　Today's Goal を提示する中で，「コミュニケーションを行う目的や場面，状況」を児童に把握させます。今回の授業では，次のような「目的や場面，状況」となります。

> 目的：「お互いの好みの共通点を探すため」
> 場面：教室場面で
> 状況：ペアで友だちに自分の作ったフルーツパフェを見せながら

　今回の Today's Goal の設定では，目的だけ示しましたが，場合によっては場面や状況の情報を含めてもよいと思います。

　外国語活動においては，「コミュニケーションを行う目的や場面，状況」を明確にすることで，児童に**目的意識**を持たせることができ，**コミュニケーションを行う意欲**を高めることができます。「何のために聞くのか，話すのか」，「誰の話を聞くのか，誰に話すのか」，「どのように話すのか」といったことについて，具体的に決めましょう。ピザ屋の場面における店員とお客のやり取りという設定の授業を見たことがありますが，お客役の児童は，自動ドアが開き，入るところから動作を行い，きちんとあいさつをしてからやり取りをしていました。児童が取り組んでみたいと思うような目的や場面，状況を設定し，Today's Goal を示すようにしましょう。

　なお，外国語科においては，「コミュニケーションを行う目的や場面，状況」の設定は，児童の目的意識を高めるだけではなく，「思考力，判断力，表現力等」の指導のために重要になります（第 2 部 2 章参照）。

4 聞く活動

—「聞くこと」の基本の「き」

第4章のキーワード
▶気づき　▶聞きたい気持ち　▶スピードの調整

Let's Try! には，Let's Watch & Think や Let's Listen など，英語を聞く活動が設定されています。この活動の中で，英語の音声に気づいたり，「聞くこと」の言語活動を行ったりします。

① 聞く活動の手順

聞く活動の手順は，1. 絵について話す，2. 聞かせる，3. 自分のことを話させる，の3段階です。

1. 絵について話す

英語を聞く前に，*Let's Try! 2*, Unit 7, Let's Listen 1 の絵（3人の児童と4種類のパフェのイラスト）を見ながら児童と次のようにやり取りをします。

- Look. と言って，聞く活動で話されている絵を指差す。
- 絵について，What do you see?, What's this? などと尋ねる。
  例：1つずつ指差して，Parfait. Parfait. Parfait. Parfait. How many? と尋ねる。[Four.]
  パフェに載せられた果物について，What fruits do you see? と尋ねる。[Strawberry.]
  登場人物について，What is her name? などと尋ねる。[Emily.]
- 絵に基づいて，児童自身についてDo you like this parfait? Why? と

尋ねる。［Yes. I like kiwi fruits.］

2. 聞かせる

聞かせる手順では，①**聞きたい気持ちを持って聞く**，②**どのような語句や表現が話されているかを聞く**，という2段階を意識しましょう。

「エミリー，サヨ，タケルのパフェはどれかな」と問いかけます。パフェを1つずつ指差して，**Is this Emily's parfait?** と繰り返して尋ねて，予想させます。予想が合っているか確認するために，**Let's listen.** と言って英語を聞かせます。次は，Let's Listen 1 のスクリプトです。

1　Hi, I'm Emily. Here is my wonderful parfait. I like strawberries, bananas, pineapples, melons and vanilla ice cream.
2　Hello, I'm Sayo. Look at my favorite parfait. I like strawberries, oranges, apples, bananas and vanilla ice cream.
3　Hi, I'm Takeru. This is my favorite parfait. I like strawberries, cherries, pineapples, melons, apples, oranges, kiwi fruits and vanilla ice cream　　　　(*Let's Try! 2* Unit 7 （28ページ）Let's Listen①)

次に，**英語の音声に関する気づき**を確認するために，**What did you hear?** と尋ねて，聞き取れた英語を挙げさせます。I like 〜 . の表現だけでなく，後のコミュニケーションで自分のフルーツパフェを紹介する際に使う可能性がある表現にも気づかせるとよいでしょう。ここでは，あいさつや自己紹介をしている点や，**Here is my wonderful parfait. / Look at my favorite parfait. / This is my favorite parfait.** という表現にも気づかせます。

3. 自分のことを話させる

Let's Listen に出てきた表現を用いて，児童自身のことについてやり取りをしていきます。例えば，エミリーのフルーツパフェを指差して，**This is**

Emily's wonderful parfait. She said, "I like strawberries." Do you like strawberries? "Yes, I like strawberries."（と言って，手を挙げる動作をする）と尋ねます。挙手した児童に，改めて，**Do you like straw-berries?** と尋ね，Yes, I like strawberries. という回答を引き出します。また，**Do you have strawberries? "Yes, I have strawberries?"** と尋ね，Yes, I have strawberries. という回答も引き出し，I like 〜 . と I have 〜 . の表現を使わせていきます。

聞く活動のポイント

1. 聞きたい・知りたいという気持ちを高める

　「聞くこと」の言語活動は，教師や友だちの話す英語を聞くだけではなく，教材（高学年では教科書）で提供されている英語を聞くことも含みます。教材で提供されている英語を聞かせる際には，リスニングテストにならないようにすることが重要です。話し手を意識して聞くことで，その人のことについてわかったぞという実感を持たせるようにします。

　今回の例では，「エミリー，サヨ，タケルのパフェはどれかな」と予測させてから英語を聞かせています。「エミリーはどんな果物が好きなんだろうか」と問いかけて，話し手を意識させてもよいでしょう。

2. 英語の音声を途中で適宜止める

　外国語活動の領域別の目標を見てみると，聞くことについては「ゆっくりはっきりと話された際に」と書かれています（140 ページ参照）。直接語りかける場合には，そのような話し方ができますが，教材の音声を聞かせる場合には，スピードの調整が難しいです。そのような場合には，英語を聞かせる時に，一度に聞かせるのではなく，適宜止めるとよいと思います。教師が，英語を繰り返したり，反応したり，質問したりすることによって，英語の内容が聞きやすくなります。

　次の例を見てください。（　　）で示すように，教師は登場人物とやり取り

をしているように話します。こうすると，登場人物が生き生きとしてきます。また，英語表現を聞く機会を増やすことができます。

- Hi, I'm Takeru. (ここで止める。**Hi, Takeru. What is this?** と言う。)
- This is my favorite parfait. (ここで止める。**Oh, parfait. This is your favorite parfait.** と言う。)
- I like strawberries, cherries, pineapples, (途中ですが長いのでここで止める。**OK. You like strawberries, cherries, pineapples.** と言う。)
- melons, apples, oranges, kiwi fruits and vanilla ice cream. (**Melons, apples, oranges, kiwi fruits and vanilla ice cream. I see. Nice parfait.** と言う。)

---

③ バリエーションの付け方

1. 動画の場合には児童に提示する情報を減らす

Let's Try! では Let's Watch and Think のように動画が利用できます。動画には，音声，画像，動画など複数の情報が含まれているため，児童の注意が散漫になってしまうことがあります。情報を減らすことによって，児童の気づきを高められます。例えば，動画の音声を消して視聴させ，何が起きているか，何が話されているのかを予想させたり，逆に視覚情報は見せずに音声の聞き取りのみに集中させたりすることができます。

2. 聞く目的を変える

聞く目的を変えることでバリエーションを付けることができます。例えば，*Let's Try! 2* の 28 ページのイラストに描かれている 4 つのフルーツパフェのうち，Which parfait do you like? と尋ね，自分の好きなフルーツパフェを選ばせます。その後で，「自分と好きなフルーツパフェが同じなのは誰かな」と問いかけてから聞かせます。

背景となる考え方—「聞くこと」の言語活動

　「聞くこと」の言語活動の中では，英語を聞いて語句や表現を聞き取ってその意味を理解したり（「知識及び技能」），言語活動を通して話し手のことを知ったり（「思考力，判断力，表現力等」），話し手に関心を持ちながら主体的に聞こうとしたり（「学びに向かう力，人間性等」）することを指導します（140-141 ページ参照）。

　本節の授業例では，聞かせる手順では，①聞きたい気持ちを持って聞く，②どのような語句や表現が話されているかを聞く，という 2 段階を意識しました。①は「思考力，判断力，表現力等」に関わる聞き方です。②は「知識及び技能」に関わる聞き方であり，「音声への気づき」を促進するものです。順番はどちらでもよいと思います。

1.「知識及び技能」の点から

　「知識及び技能」は，日本語と英語の音声の違いに気づくことや，語句や表現を聞いて意味を理解することを指導します。例えば，I like strawberries. という英語を聞いて，「私はいちごが好きです。」と文字通りに理解するのは「知識及び技能」に関する能力です。どのように聞こえるのか（音声），またどのような意味なのか（意味），またどのような場合に用いられるのか（使われ方）を指導しましょう。

　ゆっくりはっきりと話される英語であっても，I want a strawberry. という英語の want と a がつながってウォンタのように聞こえるなど，英語の音が変わることがあります（42 ページのコラム A 参照）。どのように聞こえるのかを指導する際には音の変化に留意しましょう。

2.「思考力，判断力，表現力等」の点から

　「思考力，判断力，表現力等」は，言語活動の中で話し手のことや話し手が伝えたいことを把握することを指導します。例えば，エミリーが自分のフルーツパフェを紹介している場面で，I like strawberries. という英語を聞い

て，Ｉがエミリーであることを理解して「エミリーはいちごが好きなんだ」と考えたり，好きなこととフルーツパフェを関連づけて「いちごが好きだから，エミリーのパフェにはいちごがあるんだ」というように考えたりすることは，「思考力，判断力，表現力等」に関する能力です。

3.「学びに向かう力，人間性等」の点から

「学びに向かう力，人間性等」に関しては，話し手のことを「知りたい」「わかりたい」という気持ちを持ったり，「こんなことを知りたいな」という目的意識を持ったりしながら，「聞くこと」の言語活動に取り組むように指導します。聞く前に絵について話すのは，何が話されるんだろうかという聞きたい気持ちを持たせるためでもあります。

4

聞く活動―「聞くこと」の基本の「き」

音の変化の基本の「き」

　外国語活動や外国語科では，ALT の英語など自然な速度で話される英語の音声に触れる機会がたくさんあります。自然な英語の中で頻繁に生じる音の変化について説明します。デジタル教材やCDではゆっくりと明確に発音されている表現が，ALT が自然に話す時に，異なった音に聞こえる場合があります。児童が戸惑っていないかどうか注意してください。

（1）脱落（elision）

　ゆっくり話される時には発音される音が，速く発音されると落ちることがあります。これを脱落と呼びます。子音が2つ以上並んだ時に，一方の音が脱落する場合があります。例えば，and では，/n/（ン）と /d/（ドゥ）の音が重なっていますが，/d/ が脱落して「アン」のように聞こえます。また，What time do you get up?では What と time の/t/（トゥ）が重なっていますが，「ワットゥ・タイム」というよりは「ワッ・タイム」のように発音されます。他にも，cannotは「キャ（ン）ノット」，good morningは，「グッ（ド）モーニング」などの例があります。

（2）連結（linking / liaison）

　単語が2つ並んでいる時，最初の語末の子音と次の語頭の母音をつなげて発音する現象を連結と言います。Where is the station? は，ゆっくり発音すると「ウェア・イズ」のように発音されますが，速く発音すると「ウェアリズ」のように /r/ の音が挿入されて発音されます。これを r-linking と呼びます。

　その他の子音でも，When is (your birthday)? は「ウェニズ」のように，Stand up. は「スタンダップ」のように連結が生じることがあります。

（3）同化（assimilation）

　2つの音が互いに影響を及ぼし合って生じる音の変化に，同化という現象があります。What would you like? という表現では，would の/d/（ドゥ）という音と，you の /j/（ユ）という音が組み合わさって，/dʒ/（ヂュ）という音に変化します。

　同様に，Nice to meet you. という表現では，meet の /t/（トゥ）と，you の /j/（ユ）という音が組み合わさって，/tʃ/（チュ）と発音されることがあります。

　なお，ここで紹介した音の変化は，小学校学習指導要領においては，高学年の外国語科で扱う「英語の特徴やきまりに関する事項」として位置づけられています。

5 モデルの提示

―「慣れ親しみ」の基本の「き」

第5章のキーワード
▶Today's Goal を達成するための留意点
▶「慣れ親しみ」の指導手順　▶導入・練習・コミュニケーション

　聞く活動の後，教師がメインとなる言語活動のやり方の見本（モデル）を示します。ここでは，モデルの示し方と，授業展開の背景となる「慣れ親しみ」の指導手順について説明します。

① モデルの提示の手順

　モデルを示す手順は，1. モデルを示す，2. 理解を確認する，3. Today's Goal を達成するための留意点を確認する，の3段階です。

1. モデルを示す

- ●「今日は，みなさんが，ペアでオリジナルのフルーツパフェを紹介し合いますが，どのように紹介したらよいか，先生が見本を示します」と言って，メインとなる言語活動のモデルであることを児童に伝える。
- ●「先生のオリジナルのフルーツパフェを紹介します。先生はどんなフルーツパフェを作ったと思いますか」と言って，児童の関心を高める。
- ● Look. と言って，教師のフルーツパフェの絵を見せる。 This is my favorite parfait. と言う。
- ●フルーツパフェの絵を指差しながら，I have bananas, pineapples, and melons. と言う。あるいは，絵を見た児童から Bananas. や

Pineapples. といった発話があったら，**You are right. I have bananas and pineapples.** と応答する。

- **I like this parfait. Why?** と問いかける。I like bananas, pineapples, and melons very much. と，バナナとパイナップルとメロンが好きな果物であることを伝える。
- **What color?** とバナナ，パイナップル，メロンを指差して尋ねる。I like yellow. So I like this parfait. This is a yellow parfait. というように，もう 1 つの理由を説明する。
- **How about you?** と児童に問いかけて，紹介を終わり，「こんな風に，フルーツパフェを紹介してください」と言う。

2. 理解を確認する

　次に，教師の話した英語を理解できているか確認します。**What do I have for my parfait?** と尋ね，I have bananas, pineapples, and melons. のように，教師の言った英語を答えさせます。**I like this parfait. Why?** と尋ね，I like bananas, pineapples, and melons. や I like yellow. と答えさせます。

　正しい英語なら，<u>You</u> have bananas, pineapples, and melons.，<u>You</u> like bananas, pineapples, and melons.，<u>You</u> like yellow. のように，主語を you にして答えるべきです。しかし，外国語活動においては，外国語を学び始めたばかりですので，「先生はどんな英語を言っていましたか」というように促して，聞き取った英語をそのまま発話させるとよいと思います。

3. Today's Goal を達成するための留意点を確認する

　Today's Goal「お互いの好みの共通点を探すために，オリジナルのフルーツパフェを紹介しよう。」を達成するための活動の進め方を確認します。

- 黒板に貼ったToday's Goal を指差しながら，「お互いの好みについて，どこが同じであるかを探すんでしたね」と言って，再確認する。
- 「先生とみなさんは，好きな果物は同じでしたか？」と問いかけて，「自分と好みが同じかを考えながら聞きましょう」と言う。「自分と好みが同じか考えながら聞く」と板書してもよい。
- Do you have pineapples? Yes? と問いかけて，手を挙げた児童に対して，A-san, you have pineapples. Me too. I have pineapples. と応答し，「同じだね」と言う。また，A さんに対して，Do you like pineapples? と尋ねて，Yes. と答えたところで，Me too. Nice. と応答し，「先生と A さんの好みが同じでした」と言う。
- 「こんなふうに，Me too. と言ったり，質問し合ったりしても，共通点がわかりますね」と言う。「Me too.」や「質問する」を板書してもよい。
- 「こんなポイントに気をつけながら，オリジナルのフルーツパフェを紹介しましょう」と言う。

② モデルの提示のポイント

1. 文字は見せない

　モデルを示す際，英語の表現が書かれたものを見せたり板書したりする授業を見かけます。外国語活動の段階では，**書かれた英語の語句や表現を読むことを急かさない**ようにしましょう。書かれた英語の発音がわからないため，教師がカタカナで読み方を示してしまったり，児童自身が読み方をメモしたりすることにつながってしまいます。

　代わりに，**何を伝えるべきかヒントになるようなイラストを示す**とよいでしょう。例えば，フルーツパフェを指差している絵（次ページの左図）を黒板に貼って，Look. This is my favorite parfait. と言います。次に，教師

が作成したフルーツパフェ（右図）を黒板に貼って，I have ～ . と紹介します。そうすると，最初に，自分のフルーツパフェを見てもらい，その後でフルーツパフェの果物を紹介すればよいという流れを把握させることができます。

2.　できるだけ既出の表現を使う

　教師のモデルの中では，できるだけ既出の表現を用いましょう。児童が学んできた表現を繰り返し授業の中で使うようにします。例の中で，果物が好きであるという理由だけでなく，好きな色に言及したのは，第3学年で扱った語句や表現だからです。また，Do you have ～ ? は，Unit 6 で扱った表現ですので，3つ目の手順で意識的に用いるようにしています。

3.　モデルの英語の意味を理解しているか確認する

　児童によっては，モデルを見せただけでは，何が話されているのか理解しないまま，次の活動に移ってしまうことがあります。モデルを提示する際に，絵を指差しながら話すことによって，何を話しているかをわかりやすくします。また，モデルを示した後，必ず，児童がモデルの英語の意味を理解しているか確認しましょう。

③　バリエーションの付け方

1.　他の先生と協力して複数のモデルを示す

　ティーム・ティーチングの授業では，ALT と協力して，複数のモデルを示すことができます。「話すこと［発表］」であっても，外国語活動ではペア

で紹介し合う活動が多く行われています。複数の教師で紹介し合うことによって，どのように活動すればよいのかということがわかりやすくなります。

2. Today's Goal を達成するための留意点をカードに書く

　コミュニケーションを行う目的を達成するためにどのような工夫をすればよいのかということをカードに書き溜めていくとよいでしょう。今回の例であれば，**「考えながら聞く」「質問する」「Me too. と反応する」**というカードになります。黒板に貼っておくと，次の授業以降でも使えます。Today's Goal を達成するための留意点を確認する際に，今までの留意点で活用できるものがないか考えさせます。

④ 背景となる考え方─「慣れ親しみ」の指導手順

　外国語活動では，語句や表現に慣れ親しむことが目標とされています。**「慣れ親しみ」とは，どう話したらよいかというモデルの提示や語句や表現を聞いたり話したりする練習などの指導があった上で，言語活動を行っている状態**を言います。

　慣れ親しむという目標を達成するためには，**言語材料（語句や表現）の導入**（Presentation）→ **言語材料（語句や表現）を聞いたり言ったりする練習**（Practice）→ **コミュニケーション**（Production）という流れが基本的な指導手順となります（157-158 ページ）。

　本章で扱う授業展開と，「慣れ親しみ」の指導手順は，次に示すような対応関係になります。

本章の授業展開	「慣れ親しみ」の指導手順
4. 聞く活動 5. モデルの提示	言語材料の導入（Presentation）
6. 語句や表現の練習	言語材料の練習（Practice）
7. コミュニケーション	コミュニケーション（Production）

6 語句や表現の練習
―練習の基本の「き」

　コミュニケーションを開始する前に，語句や表現を聞いたり言ったりする練習を行います。本章では練習として用いられる活動（機械的な練習からよりコミュニカティブな活動まで）について説明します。

① 語句や表現の練習の手順

　語句や表現の練習の手順は，**1. 語句や表現を聞いたり言ったりする練習をさせる**，**2. 自分のことを言う練習をさせる**，という2段階です。児童の実態に応じて，必要な練習活動を行います。

1. 語句や表現を聞いたり言ったりする練習をさせる

　語句や表現を聞く練習は，扱われる語句や表現が新出である場合には重要となります。友だちの話す英語を聞き，音声に十分触れて，その意味を理解することができるようにします。

　この授業では，果物の名前を聞き取ることが重要になります。インタビュー・ゲームや聞く活動でも何度か聞く機会がありましたので，今回は聞く練習は割愛し，語句や表現を言う練習をします。

　語句や表現を言う練習は，チャンツや歌，ゲームなどを通して行います。*Let's Try! 2* にはフルーツパフェの紹介に用いることのできるチャンツや歌などがないため，教師のフルーツパフェの絵を用いて，語句や表現を言う練習をします。

- Look. This is my favorite parfait. と言って絵（46 ページ右）を見せる。「先生のフルーツパフェの絵を使って，紹介する練習をしてみましょう」と活動の趣旨を説明する。
- Repeat after me. と指示し，43-44 ページのモデルの英語（I have ~ . など）を復唱させる。

2. 自分のことを言う練習をさせる

　語句や表現を聞いたり言ったりする練習の後で，自分が伝えたい内容を英語で表現する練習を行います。次のコミュニケーションにつながる活動です。ここでは，ペアで自分のことを言う練習をします。

- 「ペアの相手に，自分のフルーツパフェを紹介する練習をしてみましょう。Let's practice.」と言う。
- Make pairs. （ペアを組ませる）Let's start. と指示する。
- 練習後「何か困ったことはありますか」と問いかけて，必要に応じて指導したり練習させたりする。

② 語句や表現の練習のポイント

1. 意味を考えながら練習させる

　語句や表現を言う練習の中で，教師や ALT，あるいは教材の音声を復唱する練習があります。オウム返しに発音していることがありますが，**意味を考えながら練習することを意識**させましょう。

　Repeat after me. ではなく，**What's this?** と問いかけ，絵が指し示す英語を発音するようにすると，意味を考えながら英語を言うようになります。

2. 発話の前に十分聞く活動を行う

　発話の前に十分英語の音声を聞く活動を行いましょう。その際，「みんなはこれらの語句や表現を使ってやり取りするから，よく聞いていてね」と，後で発話する機会があることを意識させるとよいでしょう。

3. 徐々に自分のことを言うようにさせる

　機械的な練習だけではなく，**自分のことを伝える練習にステップアップ**するようにしましょう。与えられた語句や表現を発音することはできても，いざ自分のことを伝えようとすると戸惑ってしまう児童もいます。自分の言いたいことを英語で表現する練習をしましょう。

③　バリエーションの付け方

　語句や表現の練習として，さまざまな活動を用いることができます。ここでは，ゲーム，チャンツ，歌などを紹介します。

1. TPR系のゲーム—語句を聞く練習

　外国語教授法の1つに「トータル・フィジカル・レスポンス」（Total Physical Response，略してTPRと呼びます）があります（第3部7章①参照）。何かしらの行動を求める指示を出して，学習者にその指示に従って行動させることによって，第2言語を習得させるという教授法です。外国語活動で使われるゲームには，英語を聞いて何かしらの行動をするものがあります。TPR系のゲームとして，ポインティング・ゲーム，おはじきゲーム，Yes/Noゲームがあります。ポインティング・ゲームやおはじきゲームは，*Let's Try!* で用いられている活動です。

(1) ポインティング・ゲーム

　ポインティング・ゲームは，教師がイラストや教室の中にあるものの英語を言い，児童がそれを指差すゲームです。慣れてきたら，Please touch the apples .

のように, **Please touch ～.**（タッチしてください）という指示を加えても
よいでしょう。**Please touch something yellow.**（黄色いものをタッチし
てください）や **Please touch something big.**（大きいものにタッチしてく
ださい）のように, 色や大きさを表す言い方を扱うことができます。

(2) おはじきゲーム

さまざまなものが描かれた絵の上に, 児童があらかじめ決められた数のお
はじきを置いておきます。教師がものの名前を読み上げ, そのものの絵にお
はじきを置いている児童は, おはじきをゲットできるというゲームです。取
れたおはじきの数を競います。

ポインティング・ゲームもおはじきゲームも, 英語を正しく理解している
かどうかを確認しながら進める必要があります。

(3) Yes/No ゲーム

Yes/No ゲームは, とても単純で, 実施しやすい活動です。絵を見せて,
英語の単語を聞かせます。その英語が合っていたら Yes! と言わせ, 合って
いなかったら No! と言わせるゲームです。英語の意味を考えさせながら,
みんなで一緒に声を合わせて Yes! や No! と言う活動ですので, 楽しめます。
この活動は, 長野県塩尻市のある小学校で実践されたものをもとにしていま
す。Yes/No ゲームの手順は次の通りです。

- 絵カード（例えば, 12 枚の月名カード）を黒板に貼る。
- リズムボックスを使って, 8 ビートなどのリズムを流す（声を出すタイ
  ミングを明確にし, 安心して声を出させるため）。
- 教師は絵カード（例：2 月のカード）を指差して, リズムに合わせて,
  January? と聞く。児童は, No. と声を合わせて答える。続けて,
  February? と聞く。児童は, Yes. と答える。リズムに合わせながら,
  次のカードに移る。

Yes! や No! と答えさせるのではなく, Yes の場合には両手を打ち合わせ
(In the case of "Yes," please clap your hands.), No の場合には右手と左手

をすれちがわせる（In the case of "No," don't clap your hands.）ように指示をしてもおもしろいと思います。

2.　スリー・ヒント・クイズ―表現を聞く練習

　表現を聞く練習として，スリー・ヒント・クイズがあります。スリー・ヒント・クイズは，教師が 3 つのヒントを与え，何について話しているのかを当てさせる活動です。「Who Am I? ゲーム」（ヒントの主語を I とする）や，「What's This? クイズ」（ヒントの主語を This とする），「Black Box クイズ」（箱の中に答えとなるものを入れヒントを出していく）など，やり方によっていろいろな呼び方がされています。

- Let's play Three-Hint Quiz. と伝える。
- 動物のカード（下の図）を見せながら，I have four cards. A cat, a dog, a kangaroo, and a panda. と言ってカードを黒板に貼っていく。

- 次のヒントを出していく。

Hint One.	I am black and white.
Hint Two.	I am from China.
Hint Three.	I like bamboo.

- Who am I? と尋ねる。(Am I) a dog? とカードを指差しながら 1 つずつ確認していく。児童が panda のカードに対して Yes. と答えたら，That's right. I am a panda. と答えを言う。

- OK. This is Three-Hint Quiz. (これがスリー・ヒント・クイズです) と言う。
- Let's play Three-Hint Quiz. Let's start. と言って，クイズを開始する。教師が4種類の動物についてさまざまな角度から3つのヒントを出していき，児童に当てさせていく。既出の表現を交えながら，児童に触れさせたい表現を用いてヒントを出す。

スリー・ヒント・クイズは，表現を聞かせて意味を理解する機会を与えるだけでなく，**語彙のネットワークを強化する活動である**と言えます。panda, black, white, China, bamboo といった単語を個別に記憶するのではなく，相互に関連を持たせて記憶することを促進します。つまり，「black ＝ 黒い」という理解だけでなく，パンダの色として black をイメージすることができます。語彙のネットワークが強化されると，聞く，読む，話す，書く際にすばやく必要な語彙にアクセスできると考えられています。1つの語句の想起に伴って，関連する他の語句の記憶が活性化されるからです。つまり，英語によるコミュニケーション能力の土台を築くことになります。

また，**ヒントを2つ出してから，考える時間をとる**とよいでしょう。例えば，I am a bird. というヒントが与えられた時，児童は自分が知っている鳥を1つずつ挙げていきますが，I am a bird. I cannot fly in the sky. という2つのヒントが与えられれば，鳥の中で飛べないものは何か絞って考えることができます。あれこれ考えた結果，正解していた場合，満足感を得ることができます。そこで，1つ目のヒントと2つ目のヒントは早めに続けて提示し，2つのヒントを繰り返し聞かせたり，2つ目のヒントの後で Thinking Time を設けてペアやグループで考えさせたりするとよいでしょう。

比較的英語の得意な児童だけが解答して，スリー・ヒント・クイズの活動がどんどん流れていくことがあります。ヒントの途中で，正解が出てしまったりすることもあります。これでは，児童全員にヒントをしっかりと聞かせるというねらいが果たせません。そこで，答えを言うために英語の得意な児童が手を挙げた場合には，**その児童に解答させずに，次のように別のヒント**

を作ってもらうとよいでしょう。

教師：　Hint One. I am brown. Hint Two. I can jump very well.（ここで 1 人の児童が手を挙げる）OK. A-san. Don't say the answer. But please make Hint Three.（児童にヒントを出させる）

児童 A：んー，Australia.

教師：　（「メリアー・アプローチ」（コラム B（59-60 ページ）参照）の Expansion を使い，児童のヒントを正しく言い換えて次のように英語で表現する）Yes. I am from Australia. A good hint. Thank you, A-san. Class, OK?［答えはカンガルー］

　また，**答えが出された後で，もう一度ヒントを繰り返す**とよいでしょう。答えを聞いて初めて，ヒントで何が話されていたのかを理解できる児童もいます。答えが理解の手がかりとなって，最初に聞いた時よりもヒントの意味を理解できる可能性が高くなります。

3. キーワード・ゲームやミッシング・ゲーム—語句を言う練習

　語句を言う練習活動として，キーワード・ゲームやミッシング・ゲームが挙げられます。

(1) キーワード・ゲーム

- 児童がペアになり，教師が Baseball. と言ったら，児童は Baseball. と繰り返して手を 2 回たたく。
- 決められたキーワード（例：soccer）が言われたら，繰り返さずにペアの間に置いてある消しゴムを取る。早く取れた方が勝ち。

　この活動には，英語の音を聞くことと，英語の音を繰り返して発音することという 2 つの要素が含まれています。

　キーワード・ゲームは，発音練習だけでなく，英語の音を十分に聞かせることができる，という特徴があります。また，デジタル教科書や教材の音声を活用することができます。音声が絵に埋め込まれているページを例にとると，次のような流れになります。

教師：Let's play the keyword game. Listen to the keyword.
　　　（melons の絵をクリックし，英語を聞かせる）Are you ready?
児童：Yes.
デジタル教材：Strawberries.（教師が絵をクリックして英語を聞かせる）
児童：Strawberries.（言った後に 2 回手をたたく）
デジタル教材：Melons.（キーワードなので，児童は消しゴムを取る）

　他のバリエーションとして，教師の英語をリピートさせないというやり方もあります。キーワードの意味を考えさせることができます。

- 教師は，**The keyword is "cherries."** と言ってキーワードを示す。この時，cherries の絵を指差さずに英語だけ聞かせる。「cherries って何のことかな」と児童に考えさせる。
- 教師はキーワードではない絵（例えば桃）を指差して **What are these?**（あるいは **What's this?**）と尋ねる。児童は絵を見て Peaches. と答える。そして，キーワードの絵が指差された時に，消しゴムを取る。

---

(2) ミッシング・ゲーム

　ミッシング・ゲームは，最初，数枚の絵カードを見せた後，1 枚カードを伏せ，その絵が何であったかを当てさせるゲームです。一種の記憶ゲームです。ミッシング・ゲームは，児童に英語の単語を発話させることを目的として行います。

- ●次の 5 枚の絵カード（baseball, swimming, basketball, tennis, skating）を示し，**We have five pictures.** と言う。

- ● **What is this?** と尋ね，描かれた絵のスポーツ名をそれぞれ確認する。
- ● **Please close your eyes.** と指示を出し，目をつぶらせる。
- ● 1 枚のカード（例：野球の絵カード）を裏返しにする。
- ● **Open your eyes.** と目を開けさせた後に，**What's missing?** と尋ね，裏返しにした絵カードを指差す。児童が，**Baseball!** のように答えたら，**That's right.** と言って，絵を見せ，答えを確認する。

　なお，日本語表記では「ミッシング」としていますが，英語では「ミッスィング」のように発音されますので注意してください。

　ミッシング・ゲームは，聞くことが少なくなりがちです。そこで，「聞くこと」を組み入れたバージョンを紹介します。

- ●スポーツに関する 5 枚の絵カードをクラスに見せ，黒板に貼っていく。
- ● **Now we have five pictures.** と言って，5 枚の絵カードを指差す。そして **I will say four sports.** と言う。
- ● 4 つのスポーツをランダムに読み上げる。 No. 1. Baseball.　No. 2. Skating.　No. 3. Swimming.　No. 4. Basketball.
- ● **What's missing?** あるいは，**What's No. 5?** と質問して，読まれなかったスポーツは何かを考えさせる。

4. チャンツや歌—語句や表現を言う練習

　語句だけでなく表現を言う練習をすることが可能な活動として，チャンツや歌があります。チャンツは，**リズムに合わせて語句や表現を言わせる活動**です（外国語教授法のジャズ・チャンツについては，第3部7章③参照）。

　チャンツや歌の活動をする時には，着席したままで歌わせるのではなく，立たせて自由に身体を動かせる状態で歌わせたいものです。リズムや音楽に乗って児童の身体が揺れているかどうか確認しましょう。優れたチャンツや歌は，音楽のリズムと英語のリズムが合致しています。児童は**音楽に合わせて身体を動かしているうちに，英語のリズムに慣れていきます。**

　チャンツや歌を行う際には，英語の意味を理解させることが重要です。チャンツや歌の前に，チャンツや歌で用いられている語句や表現を使って児童と英語でやり取りをしたり，チャンツや歌の内容を絵で示したりして，意味を理解させてから，チャンツや歌を聞かせます。

　会話形式のチャンツや歌の場合には，児童を2つのグループに分けてお互いにやり取りをしているようにして英語を言う練習をさせます。その後のペア活動に活かせるようにします。

④ 背景となる考え方—語句や表現の練習

　「慣れ親しみ」の指導手順は，言語材料の導入，言語材料を聞いたり言ったりする練習，コミュニケーション，という3段階です。練習は，2段階目の活動です（155-158ページ参照）。

　練習は，その後の英語によるコミュニケーションの際に，語句や表現を用いて，自分の考えや気持ちなどを伝え合わせるためであることを意識しましょう。

　語句や表現を聞いたり言ったりする練習活動は，**機械的な練習活動から情報の授受を行うコミュニケーションを含む練習活動**まで幅があります。機械的な練習活動には，発音練習をしたり，**ミムメム**（Mimicry-Memorizationの略）という語句や表現を真似して覚える活動をしたり，**パターン・プラク**

6

語句や表現の練習—練習の基本の「き」

ティス（文型練習）で語の入れ替えや文構造の変換を練習したりする活動などがあります（185ページ参照）。このような活動の際には，英語の指し示す意味を忘れがちになりますので，絵などを示して意味を確認しましょう。

　ある情報を語句や表現を使って表現する活動があります。例えば，I have 〜. という表現を使って，自分の持ち物について表現してみるような活動です。これは意味と音声を結びつける練習となりますが，表現したことが誰かに伝わるわけではないので，コミュニケーションではありません（146-147ページ参照）。

　「I have 〜. という表現を使って，自分の持ち物について友だち同士で伝え合ってみましょう」と指示すると，情報の授受が生じ，コミュニカティブになります。ただし，その場合も，コミュニケーションを行う目的や場面，状況等は設定されていないことに留意しましょう。

　英語を聞いて意味を理解する練習活動は，情報の送り手（例：教師）がいて，情報（例：絵を指さすことを求める指示）があり，聞き手（例：児童）がその情報を受け取るコミュニケーションを行っており，コミュニカティブな活動です。ただし，この活動も，コミュニケーションを行う目的や場面，状況等は設定されていません。

　語句や表現の練習段階では，機械的な練習だけでなく，情報の授受を行うよりコミュニカティブな活動を行うようにして，次の「コミュニケーション」の段階につなげましょう。「コミュニケーション」の段階では，コミュニケーションを行う目的や場面，状況等が設定された言語活動を行います。

ティーチャー・トークの基本の「き」

　教師が英語を使って児童に語りかけることは，英語のインプットを増やす，授業をコミュニケーションの場面にする，児童の英語使用を促すという点から重要であると考えます。それでは，どのように英語を使えばよいのでしょうか。

　児童はさまざまな手がかりを頼りにして英語で話されるメッセージを理解しようとします。教師としては，児童が活用できるような「手がかり」を含めながら英語を話すことが必要になります。

　ここでは，児童に「手がかり」を与える英語の使い方として，7 つのテクニック（Model/Mime, Example, Redundancy, Repetition, Interaction, Expansion, Reward）を紹介します。それぞれの頭文字をとって，「メリアー・アプローチ」（MERRIER Approach）と呼んでいます（酒井, 1998；渡邉, 2003；渡辺・野澤・酒井, 1997-1998）。

① **Model/Mime（モデル・マイム）：言語外情報を使うこと。**

　立ち上がるジェスチャーを示したり，人が立ち上がっている様を描いた絵を見せたりして，Stand up, please. と言うことで，指示の内容を伝えられます。

② **Example（イグザンプル）：具体例を挙げること。**

　I get up at six. を例に取り上げます。get up の行為を具体的に考えてみましょう。I open my eyes, get out of the bed, and change out of my pajamas and into a suit. Then I say to my wife, "Good morning." というように表現することができます。児童は知っている語句（open, eyes, bed, Good morning.）を手がかりに「起床する」行為を理解します。

③ **Redundancy（リダンダンシー）：別の視点で言い換えること。**

　「始まりのあいさつ」での Stand up, please. を例として説明します。視点を変えて異なる表現を用いて伝えたい内容を表現します。立ち上がるという行為は始まりのあいさつをすることを意味します。そこで，It's time to start the lesson. / Let's get ready for the lesson. / It's time to say, "Hello." という

ように別の表現を使うことで，起立しなくてはならないということを理解させることができます。

④ Repetition（レパティション）：重要なことは繰り返すこと。

　重要なメッセージの部分の英語を繰り返します。文を丸ごと繰り返すのではなく，単語や語句を繰り返すと理解させやすくなります。

⑤ Interaction（インタラクション）：児童に問いかけること。

　教師が一方的に話すのではなく，児童とやり取りをしながら進めることが重要です。What time do you get up? と質問してみましょう。児童が，Six. や Seven. というように解答していたら，get up の意味を理解したことが推測できます。

⑥ Expansion（イクスパンション）：児童の発言を正しく繰り返すこと。

　児童の発話を受けて正しく言い直してあげたり，別の表現で言い換えたりします。正しく言い直すことをリキャストと呼びます。What time do you get up? という質問に，「6 時 30 分」と日本語の答えが返ってきたら，Oh, you get up at six thirty. と英語に言い換えます。

⑦ Reward（リウォード）：児童の発言や行動をほめること。

　児童の発言や行動をほめることによって児童の理解が正しいことを示します。Stand up, please. と指示に従って立ち上がった児童がいたら，A-san is ready. Good. Look at A-san. Do like A-san. というようにほめてあげると，A さんのように行動すればよいということが他の児童にも理解できます。

　最初のうちは，非言語情報を使うこと（① Model/Mime），重要なことは繰り返すこと（④ Repetition），児童に問いかけること（⑤ Interaction）を心がけるとよいでしょう。英語を話すことに慣れてきたら，その他のテクニックを使っていきましょう。

7 コミュニケーション
―「話すこと [発表]」の基本の「き」

第7章のキーワード
▶中間指導　▶実物などの活用　▶人前での発表

「コミュニケーション」は，本時のメインとなる言語活動の時間です。本章の例では，「話すこと [発表]」を取り上げます。

① コミュニケーションの手順

コミュニケーションの手順は，**1. ペアで話させる，2. 中間指導を行う，3. 別のペアでトークさせる**，という3段階です。

1. ペアで話させる

次のように指示をして，ペア活動を開始します。ここでは，「話すこと [発表]」ですが，ペアで伝え合うのでペアトークと呼びます。

- Now it's time for Pair Talk. と言って，どのような活動なのかを児童に伝える。
- Please make pairs. Talk about your favorite parfaits. と指示し，ペアで何について話すのかを児童に伝える。
- Please remember Today's Goal. OK? と言って，Today's Goal を意識させる。
- Please show your parfait to your partner. と言いながら，教師のフルーツパフェの絵を誰かに見せる動作を示し，どのように伝えるのかという条件を児童に伝える。

> ● Let's start. と指示し，始めさせる。

　なお，*Let's Try! 2*, Unit 7 の学習指導案例では，次のような児童の発話例が示されています。

> S1：My parfait. I have bananas, peaches and strawberries. I like strawberries. How about you?
> S2：Thank you. Very nice. My parfait. I have bananas, too. I have pineapples and oranges. I like bananas.
> S1：Great. Thank you.

　教師は，ペアが伝え合う様子を観察し，必要がある児童に対して個別に支援を与えます。また，児童のよい姿に対しては積極的にほめていきましょう。他の児童の見本にしたい姿があれば，次の「中間指導を行う」段階で紹介できるように，どんな点がよいか具体的にほめておくとよいと思います。

2. 中間指導を行う

　授業の中でモデルを見せたり，語句や表現を聞いたり言ったりする練習を行ってきても，いざペアで話す段階になると，戸惑ってしまう児童もいるでしょう。クラス全体に対して指導する必要があれば，中間指導の時間をとりましょう。

　中間指導においては，見本となるペアにクラスの前で発表してもらい，よかった姿を参考にできるようにしたり，多くの児童が困っている語句や表現を取り上げて練習したりします。

3. 別のペアで話させる

　ペアを変えて「話すこと［発表］」の言語活動を続けます。教師は，机間指導を行い，個別に支援をしていきます。

② コミュニケーションのポイント

1. 実物などを活用する

　実物，イラスト，写真などは，話し手にとって何を話せばよいのかを想起する助けになるだけでなく，聞き手が発表を聞いてその内容を理解することも促進します（144 ページ参照）。発表する児童に対しては，伝える英語を丸暗記して話すのではなく，紹介しようとするフルーツパフェの絵を見ながら，伝えたい内容や，語句や表現を思い出しながら話すよう指示するとよいでしょう。時には，違った順番で伝えたとしても問題ありません。

　発表を聞く児童に対しては，実物などをよく見て，相手が何を伝えたいか推測しながら聞くよう指示するとよいと思います。

2. 資質・能力の 3 つの柱に基づいて中間指導を行う

　中間指導の際には，語句や表現（「知識及び技能」の側面）のみに焦点をあてるのではなく，コミュニケーションを行う目的や場面，状況等を意識して伝えること（「思考力，判断力，表現力等」の側面）や，相手意識を持って伝えること（「学びに向かう力，人間性等」の側面）をバランスよく取り上げます。

　特に，見本となるペアの発表の様子を示して，他の児童がよかった点について意見を言わせる場合，どうしても目に見えやすいこと（ジェスチャーなど）の気づきに偏りがちになります。何を言っているかといった内容面にも注目させましょう。また，児童の気づきを資質・能力の 3 つの柱で整理しながら板書し，気づきが偏っている場合には教師からよかった点を示して補足するとよいでしょう。

③ バリエーションの付け方

1. ペアではなく，グループやクラス全体に対して伝える

　最初はペア活動にして，2 度目はグループ活動にするなど，伝える相手の数を変えることができます。特に，単元末のメインとなる言語活動において

クラス全体での発表を計画している場合には，単元を通してペア活動からグループ活動，グループ活動からクラス全体の活動というように徐々に大勢の前で話すことに慣れていけるようにしましょう。

2. メインとなる言語活動の領域を変える

　今回の授業のメインとなる言語活動の領域は「話すこと［発表］」ですが，適宜，他の領域を扱いましょう。単元の最初の段階では，「聞くこと」の言語活動をメインとし，徐々に「話すこと［やり取り］」や「話すこと［発表］」の言語活動を取り入れていってもよいと思います。

④ 背景となる考え方―「話すこと［発表］」の言語活動

　「話すこと［発表］」の言語活動では，語句や表現を用いたり（「知識及び技能」），言語活動を通して自分のことを伝えたり（「思考力，判断力，表現力等」），相手意識を持ちながら主体的に伝えようとしたり（「学びに向かう力，人間性等」）することを指導します。また，領域別の目標では，「人前で実物などを見せながら」話す力を育成することとされています（143-144 ページ参照）。

　「人前で」とありますが，クラス全体に対して発表することだけでなく，ペアで伝え合ったり，グループになって話したりするとよいと思います。児童によっては，大勢の前で発表することに対して苦手意識を持つ者もいます。多くの人の前で失敗することを恐れると，言語活動への取り組みが消極的になってしまうばかりでなく，英語嫌いにしてしまうかもしれません。**ペアやグループで発表することの経験を十分積ませてから，クラス全体での発表に移りましょう。**

　なお，今回の例で取り上げたペアで紹介し合う活動では，「話すこと［やり取り］」と異なり，1 人が比較的長く英語を話すことになります。また，Wow! や Good. など短い応答をすることはあっても，質問し合ったり質問に答えたりすることを求めていない点が，「話すこと［やり取り］」との違いです。

1.「知識及び技能」の点から

　「知識及び技能」の点からは，本単元や本授業で理解したり練習したりした語句や表現を用いて伝え合うようにします。外国語活動においては「慣れ親しみ」が目標とされていますので，必ずしも語句や表現を覚えて話す必要はありません。児童の状況をよく観察し，必要があれば積極的に支援しましょう。

2.「思考力，判断力，表現力等」の点から

　インタビュー・ゲームの「話すこと［やり取り］」と同様に，語句や表現を言えたかだけではなく，「話すこと［発表］」の言語活動を通して，自分のことを伝えられたという**コミュニケーションするよろこび**を味わえるようにしましょう。ペア活動を始める前に，Today's Goal を再確認し，「お互いの好みの共通点を探すために」という目的を意識しながら，伝え合うようにします。

3.「学びに向かう力，人間性等」の点から

　相手意識については，相手に対して丁寧に話しかけている姿やアイコンタクトをしながら話している姿，実物を見せる際に相手に見やすいようにする姿などが挙げられます。グループやクラスでの発表の際には，声の大きさにも気をつけさせたいものです。

7

コミュニケーション―「話すこと［発表］」の基本の「き」

8 振り返りと終わりのあいさつ
―「振り返り」の基本の「き」

第8章のキーワード
▶振り返りカード　▶言語面と内容面からの振り返り　▶評価

　本節では，授業の終末に行われる振り返りと終わりのあいさつを扱います。また，振り返りについて説明します。

① 振り返りと終わりのあいさつの手順

　授業の終末の手順は，1. 振り返りカードを記入させる，2. 振り返りを共有し次時につなげる，3. 終わりのあいさつをする，という3段階です。

1. 振り返りカードを記入させる

- 最初に，Today we enjoyed "Three Friends Game," "Listening Activity," "Model," "Practice," and "Communication." と言いながら今日の活動を思い出させる。活動で使用した教材や授業の流れを示したカード（34ページ参照）を指したり，Close your eyes. と目を閉じさせたりして振り返らせてもよい。
- Today's Goal を指して「お互いの好みの共通点を探すために，オリジナルのフルーツパフェをペアで紹介しました。好みが同じ友だちはいましたか」と言って，Today's Goal を想起させる。
- 振り返りカード（次ページ参照）を配布する。名前を書き，質問に回答し，学んだことや気づいたことなどのコメントを記述するように指示する。Do you have one sheet? Please write your name on it. Then,

数回の授業用の振り返りカード例

外国語活動　ふり返りカード　　名前（　　　　　　　　　）

今日の活動を振り返って，あてはまるところに○をつけましょう。

　　　　　　　　　　　　　　　　1. OK　2. Good　3. Very good

	Today's Goal	
月 日	1. Today's Goal を達成できましたか。	1 ------ 2 ------ 3
	2. 聞く活動では，自分が使うことのできる表現に気づきましたか。	1 ------ 2 ------ 3
	3. コミュニケーションでは，相手のことを考えて話そうとしましたか。	1 ------ 2 ------ 3
	○今日の授業で，学んだこと，気づいたこと，知ったことを書きましょう。	

	Today's Goal	
月 日	1. Today's Goal を達成できましたか。	1 ------ 2 ------ 3
	2. 聞く活動では，自分が使うことのできる表現に気づきましたか。	1 ------ 2 ------ 3
	3. コミュニケーションでは，相手のことを考えて話そうとしましたか。	1 ------ 2 ------ 3
	○今日の授業で，学んだこと，気づいたこと，知ったことを書きましょう。	

	Today's Goal	
月 日	1. Today's Goal を達成できましたか。	1 ------ 2 ------ 3
	2. 聞く活動では，自分が使うことのできる表現に気づきましたか。	1 ------ 2 ------ 3
	3. コミュニケーションでは，相手のことを考えて話そうとしましたか。	1 ------ 2 ------ 3
	○今日の授業で，学んだこと，気づいたこと，知ったことを書きましょう。	

8

―振り返りと終わりのあいさつ　「振り返り」の基本の「き」

answer the questions and write your comments. などと英語で指示を与える。

2.　振り返りを共有し次時につなげる

　数名の児童に振り返りを発表してもらいます。この段階は，日本語で実施しましょう。選択式の質問項目については，"OK", "Good", "Very good" のうち，どの選択肢を選んだのか挙手させます。そして，ほめたり，励ましたりします。

　また，自由記述については，児童が振り返りカードを書いている間に，クラス全体に紹介したいコメントを決めておき，その児童に発表してもらうとよいでしょう。3つの柱である「知識及び技能」「思考力，判断力，表現力等」「学びに向かう力，人間性等」の点から，児童の学びの状況を共有します。例えば，「知識及び技能」の点からは，英語の音声に関する日本語と英語の違いに関する気づきや，語句や表現に関する気づきを取り上げます。

　そして，児童のよかった姿をほめましょう。また，「こうなるともっとよい」「こうできるともっとよい」という課題も明確にします。「フルーツパフェを紹介するコミュニケーションの活動では，みんな絵を見せながら相手を意識して紹介していました。とてもよかったと思います。スリー・フレンズ・ゲームでは，たくさんの人に話しかけている人もいましたが，友だちが声をかけてくれるのを待っている人もいました。1人でもよいので，自分から声をかけられるといいですね。世界中の人たちがいる中で自分から積極的に声をかけられるようになるための一歩ですよ。次回，チャレンジしてみましょう」と言ってから，励ます表現（Let's try. / You can do it. など）を使います。

3.　終わりのあいさつをする

　最後に，次のようにあいさつをして，授業は終わりです。

> 教師：　Good bye, class. See you again.
> クラス：See you, Mr Sakai.

　教師のあいさつとしては，Good bye.（さよなら）や See you (again).（また
ね）の他にも，**See you soon [later / tomorrow]**.（すぐに［後で／明
日］会いましょう）などが使えます。また，児童のあいさつは，Good bye.
や See you. でよいでしょう。

② 振り返りのポイント

1. Today's Goal や，授業で行った活動を振り返らせる

　振り返りの際には，Today's Goal や，授業で行った活動を意識して，そ
の目的が達成できたかという点から振り返らせます。もし目的が達成できれ
ば，なぜなのかを考えさせ，次回に活かすことができます。もし目的が達成
できなかった場合には，どうすればよかったかを考えさせ，課題意識を持た
せるようにしましょう。

2. 振り返りカードは選択式と自由記述式で作成する

　振り返りは，「振り返りカード」に記入させながら行うとよいでしょう。
振り返りカードは**選択式**と**自由記述**の回答形式で作ります。
　選択式では，次のように，質問を投げかけ選択肢により回答するように指
示します。ポイント1で述べたように，質問の1つは，Today's Goal の達
成について尋ねる項目にします（例：「Today's Goal を達成できたか」や具体
的に「互いの好みの共通点は探せたか」など）。これは，主に「思考力，判断力，
表現力等」に関する質問になります。「知識及び技能」の点からは，英語の
音声に気づいたかどうか（例：「聞く活動で，自分が使うことのできる表現に気
づきましたか」など）を尋ねてもよいでしょう。また，「学びに向かう力，人
間性等」の点からは，どのように言語活動に取り組もうとしたのかという点
を尋ねます（例：「コミュニケーションでは，相手のことを考えて紹介しようと

したか」など）。

　選択肢は例（67 ページ）のように線上に配置しましょう。Good と Very good の間に◯を付けたいというような微妙な気持ちを持つ児童も現れます。選択肢を線上に配置すれば，児童は 2 と 3 の間のような個所に◯を付けることができます。

　選択肢の場合，大きな数字をよい回答にあてると分析しやすくなります。児童の回答を記録し，分析を行う場合には，「できた」に 3，「できなかった」に 1 というように，よい意味の項目に大きな数字を，あまりよくない意味の項目に小さな数字を割り振りましょう。平均点を計算した時に数字を解釈しやすくなります。分析の予定がない場合は，項目の順番や番号の割り振りを気にする必要はありません。

　もう 1 つの形式は，自由記述式です。自由記述式では，「楽しかった」「難しかった」という感想ではなく，振り返りカード例（67 ページ）のように授業で学んだことなどについてのコメントを書かせるようにするとよいでしょう。

③ バリエーションの付け方

1. ALT にコメントをしてもらう

　振り返りを共有する部分では，ALT にコメントしてもらってもよいでしょう。その際，児童の英語が通じるものであったかの点からコメントしてもらいます（コラム D「コミュニケーションの相手としての役割」（126 ページ）参照）。英語が通じたよろこびを児童に感じてもらえます。

2. ICT を活用する

　振り返りをオンライン上で記入させてもよいでしょう。例えば，Google Forms などでアンケート形式のページを作ったり，スライド（1 人 1 枚割り当て）を作成したりして児童に書き込んでもらうと情報の収集を素早く実施できます。

④ 背景となる考え方—振り返り

「振り返り」は，**児童が自らの学びを整理するために重要**です。外国語活動では，聞くことや話すことという音声コミュニケーションを指導するので，読んだり書いたりすることと異なり，経験したことが形として残らないというデメリットがあります。授業で行った活動について振り返って自分の学びを記録していくことが大切になります。

　小学校学習指導要領には，「各単元や各時間の指導に当たっては，コミュニケーションを行う目的，場面，状況などを明確に設定し，言語活動を通して育成すべき資質・能力を明確に示すことにより，児童が学習の見通しを立てたり，振り返ったりすることができるようにすること。」という配慮事項が示されています。この配慮事項について，『小学校学習指導要領（平成 29 年告示）解説外国語活動・外国語編』（文部科学省，2018，p. 53）では次のように書かれています（下線筆者）。

　この配慮事項は，外国語教育における学習過程としては，①児童が設定されたコミュニケーションの目的や場面，状況等を理解する，②目的に応じて情報や意見などを発信するまでの方向性を決定し，コミュニケーションの見通しを立てる，③目的達成のため，具体的なコミュニケーションを行う，④言語面・内容面で自ら学習のまとめと振り返りを行う，といった流れの中で，学んだことの意味付けを行ったり，既得の知識や経験と，新たに得られた知識を言語活動で活用したりすることで，「思考力，判断力，表現力等」を高めていくことが大切であることを示している。

　下線の部分では**「外国語教育における学習過程」**の④として，**「言語面・内容面で自ら学習のまとめと振り返りを行う」**と書かれています。言語面とは主として「知識及び技能」に関わる振り返りになります。どのような語句・表現の音声や意味に気づいたか，その語句や表現が話されるのを聞いて意味がわかったか，その語句や表現を使って話せたか，といった点から学ん

8

だことを自覚させましょう。また，内容面は主として「思考力，判断力，表現力等」に関わる振り返りです。Today's Goal を達成できたか，言語活動の中で自分の考えや気持ちなどを伝え合うことはできたか，といった点から振り返らせましょう。

　児童の振り返りは教師にとっても有用です。児童の振り返りを読むことによって，教師が児童の学習状況を把握し，指導改善や学習改善につなげたり，記録に残す評価の資料の 1 つにしたりすることができます（学習評価については第 3 部 6 章参照）。

　外国語活動における主たる評価方法は観察です。しかしながら，観察によって見えない側面もあります。例えば，「主体的に学習に取り組む態度」については，声の大きさや表情などの表面的な態度は観察できるかもしれませんが，目的意識を持っているか，相手に配慮しているか，といったことについては観察だけでは把握できません。また「知識・技能」の英語の音声の気づきについても同様です。そこで重要なのが振り返りカードです。**観察では見えない児童の「学び」を可視化**できます。評価の際に，振り返りカードを活用するとよいと思います。

ICT活用の基本の「き」

　小学校学習指導要領には，「児童が身に付けるべき資質・能力や児童の実態，教材の内容などに応じて，視聴覚教材やコンピュータ，情報通信ネットワーク，教育機器などを有効活用し，児童の興味・関心をより高め，指導の効率化や言語活動の更なる充実を図るようにすること。」と書かれています。ICT を活用する際には，児童の興味・関心を高めること，指導の効率化を図ること，言語活動の充実を図ることに留意する必要があります。

　ICT 機器を外国語活動・外国語科の授業で活用する際，育成するべき資質・能力の 3 つの柱を意識するとよいと思います。

(1)「知識及び技能」に関する活用

　語句や表現の気づきを高めたり，言ったり話したりする練習を行ったりすることに ICT を用います。聞くことの活動に関しては，個別学習で繰り返し音声を聞いたり，音声速度を変えて聞いたりするなど，個別最適な学びの実現を図ることができます。また，デジタル教科書や教材を用いて，今まで学んできた単元を振り返って聞くことによって，語句や表現を想起したり，繰り返し練習したりすることができます。

(2)「思考力，判断力，表現力等」に関する活用

　コミュニケーションを行う目的や場面，状況等を設定した言語活動を充実させることに ICT を用います。さまざまな先生に英語でインタビューした動画を児童に見せたり，ペア活動の様子の動画を後でクラスで視聴したり，他の学校のクラスと交流活動を行うことなどが挙げられます。「時間を超える」や「空間を超える」という ICT の特徴を活かしましょう。また，「話すこと［発表］」の言語活動において，相手に伝わりやすくするために，表現方法を工夫することも可能となります（例：スライドにイラストをつけたり，アニメーションをつけたりする）。さらに，伝えたい内容を考えるために，ICT を使って調べ学習を行ってもよいと思います。

(3)「学びに向かう力，人間性等」に関する活用

　ICTを活用して，児童の興味・関心を高めるようにしたり，自らの学びを自覚的に捉えたりすること（自己調整）ができるようにします。一斉授業で，航空写真を使った地図や3Dの地図などをスクリーンに映して，道案内を行うと，リアル感が高まります。

　自己調整の点からは，振り返りをICTで記入させたり，共有させたりするとよいでしょう。他の児童が書いた振り返りを読むことから生まれる学びもあります。また，単元の最初の頃の英語のパフォーマンスと，単元の終末のパフォーマンスを録画しておき，自分自身がパフォーマンスの向上を自覚できるようにすることもできます。

　ある小学校では，児童がICT端末を家庭に持ち帰って，デジタル教科書や教材に掲載されている活動から各自関心のあるものを選び，英語を学ぶように指導していました。その際，「ゆっくりとしたスピードで〇回聞こう」，「イラストや動画を見て，何が話されているのかを考えながら英語を聞こう」，「最初は英語の字幕は付けずに聞こう」，「聞こえた英語を繰り返して言ってみよう」というように，活動ごとにどのように取り組んだらよいのかということを児童に伝えていました。この小学校の実践のように，児童がどのようにICTを活用したらよいかを意識することを支援していくことはとても大切だと思います。

　ICT活用に興味のある方は，文部科学省の「外国語の指導におけるICTの活用について」（https://www.mext.go.jp/content/20200911-mxt_jogai01-000009772_13.pdf）［下QRコード左］という資料を参照してください。この資料には，小学校から高等学校までのICTの活用事例が紹介されています。また，YouTubeでも視聴することができます（https://www.youtube.com/watch?v=vzxJ0-JpgU0）［下QRコード右］。

資料　　　　　　　実例

第2部

これだけはマスターしたい
外国語科の基本の「き」

1時間の授業の流れに沿って
基本的な考え方を紹介する

　第2部では，外国語科の授業を進めていくための基礎的・基本的な技能や知識を扱います。

　外国語科の授業展開は，既出の語句や表現については「身につけること」の指導手順に，また，新出の語句や表現については「慣れ親しみ」の指導手順に従ったものとなっています。

　1時間の授業を8つの活動に分けます。それぞれの活動の進め方（手順，ポイント，バリエーションの付け方）を具体的に示した後に，背景的な考え方を解説するという構成となっています。

　実際に声を出したり，動作をイメージしたりして，児童が目の前にいるつもりになって読んでみてください。

　第 2 部では第 5 学年及び第 6 学年における外国語科の授業について解説します。1 時間の授業を，

①ウォームアップ（5 分）

② Today's Goal の設定（5 分）

③聞く活動（10 分）

④ペアトーク 1（5 分）

⑤共有（5 分）

⑥ペアトーク 2（5 分）

⑦書く活動（5 分）

⑧振り返り（5 分）

という 8 つの活動に分けます（時間配分は目安です）。これは，言ってみれば，外国語科の授業の基本メニューです。第 2 部では，これら 8 つの活動ごとに，授業をどのように展開していけばよいかを説明していきます。また，その活動の手順やポイント，バリエーションの付け方を紹介します。さらに，背景となる考え方を説明します。

※外国語科では検定済み教用用図書（いわゆる教科書）が用いられており，複数の種類があります（2022 年度現在で 7 社から発行された教科書が用いられています）。教科書によって，扱う語句や表現の配当や言語活動の設定が異なるため，本章では教科書ではなく，文部科学省作成の補助教材 *We Can! 1* の Unit 6，I want to go to Italy.（行ってみたい国や地域）を参考にした授業を紹介します。同様のテーマがほとんどの教科書で扱われていることから，この Unit を選びました。*We Can!* は，現在は使用されていませんが，平成 29（2017）年告示の小学校学習指導要領が全面実施されるまでの 2 年間の移行期間中に用いられた教材です。なお，本章で扱う授業展開は，*We Can! 1* 付録の学習指導案例とは異なる指導手順となっています。

第 2 部で扱う外国語科指導案

対象学年： 　第 5 学年

教材： 　*We Can! 1*，Unit 6，I want to go to Italy.

本時の位置： 　8 時間中第 6 時

本時のねらい： 　自分の行きたい国や地域を紹介する。

　　　　　　　　一緒に行くか決めるために紹介を聞く。

関連する領域： 　話すこと［発表］イ（143-144 ページ参照）

　　　　　　　　聞くこと　イ（140 ページ参照）

言語材料：

　［語句］【既出】動作，国など

　　　　　【新出】さまざまな国や地域の名前，状態・気持ち（beautiful,

　　　　　　　　　delicious, exciting, fun），動作（visit, buy, see）

　［表現］【既出】I can 〜 . / Can you 〜 ? / I like 〜 . / Do you like 〜 ? など

　　　　　【新出】Where do you want to go? / I want to 〜 . / It's 〜 .

授業展開：

	基本メニュー	学習活動	時間
1	ウォームアップ	あいさつを行い，既出の語句や表現を使ってペアでやり取りする。	5 分
2	Today's Goal の設定	本時のめあてを把握する。	5 分
3	聞く活動	英語を聞いて語句を聞き取ったり，表現の意味がわかったりする。	10 分
4	ペアトーク 1	メインの言語活動を行う。	5 分
5	共有	必要に応じて，語句や表現を理解したり練習したりする。	5 分
6	ペアトーク 2	メインの言語活動を再び行う。	5 分
7	書く活動	音声で十分慣れ親しんだ語句や表現を書く。	5 分
8	振り返り	授業を振り返り，あいさつをする。	5 分

1 ウォームアップ
―「話すこと［やり取り］」の基本の「き」

> 第1章のキーワード
> ▶Small Talk ▶本当のことを話す ▶やり取りの継続

　本章では，ウォームアップとして Small Talk（スモールトーク）を紹介します。そして，外国語科で扱う「話すこと［やり取り］」の指導について説明していきます。

① Small Talk の手順

　Small Talk の手順は，**1. 見本を見せる，2. トピックを把握させる，3. ペアトークをさせる**，の3段階です。

1. 見本を見せる

　英語で始まりのあいさつを行った後，身近な話題についてやり取りをする Small Talk を行います。

　まず，教師と代表の児童がやり取りをすることによって，Small Talk の見本を見せます。世界地図を黒板に貼っておくか，教科書に載っている世界地図をモニター等で示しておくとよいでしょう。

- Let's start "Small Talk." と言って，活動を開始する。
- A-san, can you help me? A-san, please come here. と言って，代表の児童に前に来てもらう。
- Hello. と手を振りながら代表の児童に向かって話しかける。そして次のようなやり取りをする。

教師： A-san, where do you want to go? Do you want to go to Italy? Canada? Egypt?（世界地図を指差しながら）

児童A： I want to go to Egypt.

教師： Oh, you want to go to Egypt. Me too. I want to go to Egypt too. Great.（児童の表現を繰り返しながら，Me too. や Great. などと応答する）Why do you want to go to Egypt? Why?

児童A： I like ピラミッド.

教師： Oh, you like pyramids.（英語らしい発音を示す）Really? Wonderful.（応答する）So you want to see pyramids?

児童A： Yes.

教師： （Where do you want to go? と小さな声で言って，手振りで質問するように児童Aに促す）

児童A： Where do you want to go?

教師： I want to go to Egypt. And I want to go to Singapore.

児童A： Me too.

教師： You too? Good.（児童が Me too. と応答したのでほめる）Do you know Singapore?

児童A： Yes.

教師： Good. I want to go to Singapore.（Why? と小さな声で言って，手振りで質問するように児童Aに促す）

児童A： Why?

教師： It is a small country. But it is very nice. I like flowers. I can see many beautiful flowers in Singapore. I want to see beautiful flowers. Do you like flowers?

児童A： Yes.

教師： Good. So Singapore is good. Do you want to go to Singapore too?

児童A： Yes.

教師： I am happy. Thank you, A-san.

2. トピックを把握させる

　次に，やり取りの内容を確認し，トピックを把握させます。

- Where does A-san want to go?, Why?, Where do I want to go?, Why? と尋ねる。
- So what is the topic for Small Talk? と尋ね，「行きたい国」や Where do you want to go? といった児童の回答を受けて，Yes. Today's topic is "Where do you want to go?" と説明する。

---

3. ペアトークをさせる

- Make pairs. Let's talk in pairs in one minute. Keep talking. Let's start. と指示を出して，ペアでやり取りを開始させる。やり取りを時間いっぱい続けるように伝える。
- 1 分過ぎたら，Make new pairs. と指示をして新たなペアを組ませ，再度やり取りをさせる。
- 終了させる時には，Please stop. Sit down. と指示する。そして，「相手のことを知ることができましたか」や「やり取りを続けることができましたか」と問いかけて，Small Talk の振り返りを行う。

---

② Small Talk のポイント

1. 本当のことを話す

　相手のことを知りたいと思うためには，英語でやり取りをする際には，教師自身も本当のことを話すことが重要です。児童は，聞いた情報を覚えています。話す度に違うことを言っていたら，児童は聞きたい気持ちをなくしてしまうかもしれません。

　ある授業で，Where do you want to go? と ALT に聞かれて，先生が I want to go to Italy. と答えました。その瞬間に，児童から「えー，北海道じゃないの!?」という声が上がりました。先生は「今日はイタリアなんだ」と答えてしまい，以前，北海道に行きたいと言ったのは嘘であると思われてしまいました。もし，ここで，You remember it well. Thank you. In Japan, I want to go to Hokkaidao. There are a lot of countries around the world. I want to go to Italy.（よく覚えていましたね。ありがとう。日本では北海道に行きたいと思っています。世界にもたくさんの国があります。イタリアに行きたいと思っています）と言えば，北海道にもイタリアにも行きたいんだと理解してくれていたはずです。

2. 教師や ALT もペアに加わりやり取りをする

　教師も ALT もペアのやり取りに加わりましょう。第1に，児童理解のよい機会です。児童が話す内容をしっかりと受け止めましょう。第2に，やり取りを通して，自然な応答やコメントの仕方や質問の仕方を見せることができます。適宜，ペアのやり取りに割り込みましょう。

③ バリエーションの付け方

1. 教師対クラスでやり取りする

　ペアでやり取りをするのではなく，教師対クラスでやり取りをすることができます。その際，教師が話し，**児童には質問や応答をさせる**とよいでしょう。児童に尋ねたいことを聞いて，適宜どのように英語で質問したらよいかを示します。次に示すのはやり取りの例です。

教師： I want to go to Italy. Do you have any questions?

児童 A：Pizza?

教師： Do I want to eat pizza? You can ask, "Do you want to eat pizza?"

> 児童 A：Do you want to eat pizza?
>
> 教師：　Yes, I do. I like pizza. So I want to go to Italy. Any other
> 　　　　questions?（他の児童に質問を促す）

2.　児童対クラスでやり取りする

　A-san, stand up. Let's talk with A-san. と言って，ある児童を立たせます。そして，次のように児童対クラスでやり取りをします。教師は，質問をしたり，やり取りを継続したりするように促します。

> 教師：　What is the topic today?（クラス：Where do you want to
> 　　　　go?）Right. Let's ask the question to A-san. One, two.（と
> 　　　　合図する）
>
> クラス：（児童 A に向かって）Where do you want to go?
>
> 児童 A：I want to go to USA.
>
> 教師・クラス：Oh, USA. / I see. / Good. / Me too.（口々に応答する）
>
> 教師：　（クラスに向かって）Do you have any questions?
>
> 児童：　Why?
>
> 教師：　OK. Let's ask, "Why do you want to go to USA?"
>
> クラス：（児童 A に向かって）Why do you want to go to USA?
>
> 児童 A：I like baseball. I want to watch baseball games.

④　背景となる考え方—「話すこと［やり取り］」の言語活動

　外国語科では，「話すこと［やり取り］」に関して，語句や表現を聞いて意味を理解したり，自分の伝えたい内容を語句や表現で表したり（「知識及び技能」），コミュニケーションを行う目的や場面，状況等に応じて適切にやり取りをしたり（「思考力，判断力，表現力等」），他者意識を持ちながら主体的に

コミュニケーションを図ろうとしたり（「学びに向かう力，人間性等」）することを指導します。

『小学校外国語活動・外国語研修ガイドブック』（文部科学省, 2017）によれば，**Small Talk は，「話すこと［やり取り］」の言語活動**です。Small Talk は，次の 2 つの目的を持つとされています（pp. 84-85）。

> ● 既習表現を繰り返し使用できるようにしてその定着を図る
> ● 対話を続けるための基本的な表現の定着を図る

　1 つ目は，「知識及び技能」に関わることです。語句や表現を聞いたり言ったりする技能を身につけるためには，繰り返し言語活動を経験して，少しずつ自分の力で理解できたり表現できたりするようにしていくことが必要です（155-158 ページ参照）。Small Talk では既出の表現を積極的に扱いましょう。

　2 つ目は，「思考力，判断力，表現力等」に関わることです。対話を継続するためには，適切に応答したり，質問したり，コメントしたりする必要があります。適切なタイミングで表現を使用できるようにしましょう。

　「話すこと［やり取り］」の指導について，外国語活動（第 1 部 2 章④参照）との違いに焦点を当てて説明します。

1.「知識及び技能」の点から

　外国語科の指導においては，**既出の語句や表現と新出の語句や表現で指導方法を変える**とよいでしょう（155-158 ページ参照）。

（1）既出の語句や表現

　語句や表現を聞いたり言ったりする**技能を身につけるためには，繰り返し聞いたり言ったりする言語活動を行う**必要があります。そして，必要があれば，改めて語句や表現の意味や音声を確認したり，練習したりします。

　「見本を見せる」段階では，教師自身が率先して既出の表現を用いるようにします（例：I like flowers. I can see many beautiful flowers in Singapore. など）。教師がさまざまな表現を用いることで，既出の表現を思い出したり，適宜使おうという気持ちになったりします。

「ペアトークをさせる」段階では，ペアのやり取りをよく観察し，児童がつまずいている語句や表現がないか確認します。必要に応じて，個別に支援するようにしましょう。

(2) 新出の語句や表現

新出の語句や表現は，外国語活動と同様に「慣れ親しむ」ことから始めます。つまり，「聞くこと」の言語活動の中で語句や表現に「気づく」ことから始めて，その意味や音声を理解したり練習したりして，自ら用いることができるようにします。その後は，既出の語句や表現と同様に，繰り返し聞いたり話したりする言語活動を行って，「身につける」ようにします。

本授業では，You can 〜 . が新出表現です。授業展開の第3段階「聞く活動」で，新出表現を使った英語を聞いて，その意味を理解させます（第3章参照）。その後で，表現を言う練習を行います（第4章参照）。

2. 「思考力，判断力，表現力等」の点から

「思考力，判断力，表現力等」の点からは，コミュニケーションを行う目的や場面，状況等に応じて，やり取りを適切に行うことを指導します。すなわち，外国語科においては，**コミュニケーションを行う目的や場面，状況等を明確に意識させ，それらに応じて言語使用させる**ことが重要です。

Small Talk では，**対話を一定時間継続する**ことという条件（例：Let's talk in pairs in one minute. Keep talking.）が与えられています。その状況下において，黙り込んでしまうことなく，やり取りを継続することが求められています。やり取りの継続に関しては，相手の質問に対して何を回答するべきかを考え，伝える内容を適切に決めたり，相手の発話に対して適切に応答や質問をしたりすることを指導する必要があります。

「見本を見せる」段階では，教師自身も対話の継続を意識して，応答したり（例：Really?, Wonderful., Me too. など），コメントしたり（例：I want to go to Egypt too. など），関連する質問をしたり（例：So do you want to go to Egypt?, Do you know Singapore? など）します。また，児童Aが Me too. と言って応答したことを受けて，You too. Good. とほめてい

ます。

「ペアトークをさせる」段階では，ペアのやり取りの様子を観察し，適宜指導しましょう。その際，**学年ごとの目標に関して決めた指導内容を中心に**指導していきます。例えば，第5学年ではコミュニケーションを行う目的や場面，状況等に応じて，質問に答えたり，応答・コメントしたりすることを指導すると決めた場合には，そのような対話の継続の工夫を中心にして指導していきます（167ページ参照）。

3.「学びに向かう力，人間性等」の点から

「学びに向かう力，人間性等」の点からは，**他者意識**を持ちながら主体的にコミュニケーションを図ろうとすることを指導します。外国語科では，目の前にいる相手だけではなく書き手や話し手なども含めた「他者」を意識することになっていますが，「話すこと［やり取り］」の言語活動においては，目の前の相手を意識すればよいでしょう。

また，主体的にコミュニケーションを図ろうとすることについては，相手のことを知ろうとしてやり取りに取り組んだり，やり取りがうまく行かない場合でも相手に確認したり，ジェスチャーなどを用いて伝えようとしたりする姿や，**自らの学びを自覚的に捉えようとする**姿（すなわち，自己調整している姿）を育てます。今回のSmall Talkでは，終了時に「ペアのことを知ることができましたか」や「やり取りを続けることができましたか」と問いかけて，簡単にSmall Talkの振り返りを行い，自らの学びを自覚的に捉えることを促しています。

2 Today's Goalの設定
―「目的や場面, 状況」の基本の「き」

第2章のキーワード
▶見通し　▶「思考力, 判断力, 表現力等」に関するポイント
▶授業の流れの可視化

　本章では, Today's Goal (本時のねらいや目標) の設定を説明します。本章では, Today's Goal の設定と,「コミュニケーションを行う目的や場面, 状況」の基本を扱います。

① Today's Goal の設定の手順

　Today's Goal の設定の手順は, **1. Today's Goal を示す, 2. 見通しを持たせる, 3.「思考力, 判断力, 表現力等」に関するポイントを確認する,** の3段階です。

1. Today's Goal を示す

　前時の活動を振り返ったり, 児童の思いや教師や ALT の質問を取り上げたりして, Today's Goal を示します。次の例は, 前時の活動を振り返りながら Today's Goal を設定しています。

- 「前時まで, 行きたい国や地域についてやり取りをしてきました。いろいろな国や地域がありましたね。行きたい理由もさまざまでした」 と言って, 前時までの活動を振り返る。
- 「将来, 一緒に世界中を旅行できたらよいですね」と言って, Today's Goal に対する気持ちを高める。

- 「今日は，自分の行きたい国や地域を１つ選んで紹介しましょう。発表する際には，一緒に行きたいと思ってもらうようにしましょう。また，互いの発表を聞きながら，一緒に行きたいかどうか考えましょう」と言って，「聞くこと」と「話すこと」のそれぞれの目的を示す。
- This is Today's Goal. と言って，次の Goal を板書したり，カードを示す。
  「一緒に行きたいと思ってもらうために，自分の行きたい国や地域を紹介しよう。」

今回の授業では，「話すこと［発表］」だけでなく，「聞くこと」も指導します。Today's Goal は１つですが，聞き手と話し手の２つの立場を意識させるようにします。

2. 見通しを持たせる

Today's Goal に向かって，どのような活動を実施するのかを確認しましょう。例えば，次のように説明します。

今日は，先生の行きたい国や地域を紹介します（聞く活動）。その後で，ペアで，一緒に行きたいと思ってもらうために，自分の行きたい国や地域を紹介し合いましょう（ペアトーク１，共有，ペアトーク２）。最後に，ペアにならなかった友だちに紹介するために，ペアで紹介した内容を英語で書いてください（書く活動）。いろんな人に一緒に行きたいと思ってもらえたら嬉しいですね。

3. 「思考力，判断力，表現力等」に関するポイントを確認する

Today's Goal を達成するために，何をどのように話したらよいか，また，どのように聞いた内容を精査したらよいかを確認します。「思考力，判断力，表現力等」を指導するためです。

- 黒板に 話すことのポイント と 聞くことのポイント というカードを貼る（あるいは板書する）。
- まず，「話すことのポイント」を確認する。「一緒に行きたいと思ってもらうために，どんな工夫をして紹介するとよいですか」と問いかける。さらに，「I want to go to Italy. と伝えるだけで，一緒に行きたいと思ってもらえますか」と付け加える。
- 次のような児童の発言に基づいて，下線部を板書する。

> ・何ができるかを伝える。（例：You can .... など）
> ・どんな国なのかなど感想を伝える。（例：It is beautiful. など）
> ・相手が何が好きかを聞いて，相手の好みに応じて紹介する。（例：Do you like pizza? と尋ねて，Yes. という回答を得たら，You can enjoy delicious pizza. と，国や地域でできることを紹介する）

- 次に「聞くことのポイント」を確認する。「どのような場合に，一緒に行きたいと思えますか」と問いかける。次のような児童の発言に基づいて，「行きたい国や地域が同じならば，一緒に行きたいですね」「食べ物に関心があるなど好みが同じだったら，一緒に行くと楽しめますね」「行きたい国や地域が違っていても，できることに興味があれば行ってみたいですね」などと言いながら，下線部を板書する。

> ・行きたい国や地域が同じ場合（例：イタリアに行きたいと思っている時に，相手もイタリアに行きたいと言った場合）
> ・理由などの好みが同じ場合（例：自分は食べることが好きだと思っている時に，相手がイタリアでは美味しいピザが食べられると言った場合）
> ・相手の説明が魅力的であった場合（例：行きたい国・地域や理由などに共通点はないが，相手の説明によって関心を持った場合）

② Today's Goal の設定のポイント

　Today's Point の設定のポイントは，外国語活動の場合と同じです。すなわち，児童が行いたいと思う Today's Goal を提示することと，見通しを持たせる手順において授業の流れを可視化することです。33-34 ページを参照してください。

③ バリエーションの付け方

1.「思考力，判断力，表現力等」に関するポイントを蓄積する

　「話すことのポイント」や「聞くことのポイント」をカードなどに記入して，蓄積していくとよいと思います。毎回の授業のコミュニケーションを行う目的や場面，状況等を確認しながら，過去に扱ったポイントを適応できるかどうかを考えさせます。その上で，さらにポイントがあれば児童に発言させるとよいでしょう。

2. 領域を組み合わせる

　今回の授業の例では，「話すこと［発表］」と「聞くこと」を組み合わせました。「話すこと［発表］」に関して，お互いに伝え合うような活動を行う場合には，「聞くこと」の指導も合わせて行うとよいと思います。

　他にも，「話すこと」と「書くこと」の組み合わせ（例：英語を聞きながらメモすることを指導する）や，「読むこと」と「書くこと」の組み合わせ（例：ALT の手紙を読んで ALT に手紙を書くことを指導する）など工夫することができます。

④ 背景となる考え方―目的や場面，状況

　Today's Goal を提示する中で，コミュニケーションを行う目的や場面，状況を児童に把握させます。今回の授業の目的や場面，状況は次のようにな

ります。

> 目的：「一緒に行きたいと思ってもらうために紹介する」（話すこと）
> 　　　「一緒に行くか決めるために紹介を聞く」（聞くこと）
> 場面：教室場面で
> 状況：ペアで，できることの写真を見せながら

　外国語科においては，コミュニケーションを行う目的や場面，状況等を設定することは，**言語活動への意欲を高めるだけではなく，「思考力，判断力，表現力等」を育成するためにも重要**となります。そのため，外国語活動では「Today's Goal を達成するための留意点」（44-45 ページ参照）としていましたが，本章では「『思考力，判断力，表現力等』に関するポイントを確認する」段階を設定しています。

　コミュニケーションを行う目的や場面，状況等によって，何を，どのように話したらよいのか，また聞いた情報をどのように精査したらよいのかが変わります。例えば，「一緒に行きたいと思ってもらうために紹介する」という目的であれば，質問しながら相手の好みに応じて，行きたい国や地域の魅力を伝えるという発表方法が適切ですが，「自分のことをもっとよく知ってもらうために紹介する」という目的であれば，相手に質問をする必要はありません。後者の目的であれば，行きたい国や地域の魅力を伝えるだけではなく，自分のことに関する情報を加える必要が生じます。また，今回は写真を見せながら紹介するという状況設定にしましたが，写真を見せられないという状況であれば，相手にきちんと伝えるために，英語で説明を加えたり，身振り手振りで表現したりすることが求められます。

　「思考力，判断力，表現力等」に関するポイントは，学年ごとの目標の指導内容（164-165 ページ参照）に基づいて具体的に設定します。「話すことのポイント」と「聞くことのポイント」については，それぞれ第 3 章④（96-98 ページ）と第 4 章④（103-104 ページ）を参照してください。

3 聞く活動
―「聞くこと」の基本の「き」

第3章のキーワード
▶聞きたい気持ち　▶気づき　▶聞き取った情報の精査

　Today's Goal の設定の次に，聞く活動を行います。聞く活動の中で，新出の語句や表現の音声や意味や使われ方を確認します。そして，新出の語句や表現に関して，練習活動を行います。

① 聞く活動の手順

　聞くことの活動の手順は，1. 聞かせる，2. 自分のことを話させる，3. 語句や表現を聞いたり言ったりする練習をさせる，の3段階です。

1. 聞かせる
　聞かせる手順では，①聞きたい気持ちを持って聞く，②どのような語句や表現が話されているかを聞く，という2段階を意識しましょう。

(1) 聞きたい気持ちを持って聞く
　ここでは，教師が行きたい国や地域を紹介します。児童には一緒に行きたいと思うか考えながら聞くよう伝えます。

- 「先生が行きたい国や地域を紹介します。Please listen.」と始める。
- 「一緒に行きたいと思うか考えながら聞いてください」と言って，聞きたい気持ちを持って聞くという①の聞き方を指示する。

● ワークシート（下図）を配布し，「わかったこと」「一緒に行きたいと思ったか」「考えたこと」を記入させる。

わかったこと	一緒に行きたいと思ったか			考えたこと
イタリア　食べ物（ピザやパスタ）　建物　カメラが好き　写真とりたい　ゴンドラに乗りたい	◎ （○）	○ （　　）	△ （　　）	ゴンドラに乗ってみたいと思ったから

● 次のように行きたい国や地域を紹介する。

　　Hello. I want to go to Italy. (I のところで，自分自身を指差す。以下同様にする) Do you like pizza and pasta? You can eat delicious pizza and pasta. (You のところで，クラス全員の方を指し示す。以下同様にする) I like Italian food. I want to eat delicious Italian food.

　　You can see many wonderful buildings. For example, the Leaning Tower of Pisa and the Colosseum. (ピサの斜塔とコロッセウムの写真を見せる) I like cameras. I want to take pictures of the Leaning Tower of Pisa and the Colosseum. They are beautiful.

　　I also want to ride a gondola in Venice. You can enjoy Venice from a gondola. (ゴンドラの写真を見せる)

　　Thank you.

　教師の紹介を聞かせた後，**(Do you want to listen) one more time?** と尋ね，必要があれば紹介を繰り返します。その後で，**Where do I want to go?, Why?** などと問いかけて，「わかったこと」を確認します。

　次に，「一緒に行きたいと思いましたか」と問いかけます。「『ゴンドラに

乗ってみたい』と思ったというのは，先生の説明に魅力を感じたんですね。
Thank you.」というように，児童の発言を「聞くことのポイント」（88 ペー
ジ参照）に関連付けます。

(2) どのような語句や表現が話されているかを聞く

ここでは，You can ～ . という表現に気づかせます。

- **In Italy, you can ...?**（上昇調のイントネーションで）と問いかけて，
  You can eat delicious Italian food. という表現を引き出す。
- **And?** と促して，You can see beautiful buildings. や，You can
  enjoy Venice. という表現を引き出す。
- 「**You can ～ .** という表現はどんな場合に使えますか」と尋ね，「でき
  ることを紹介したい時」や「魅力を伝えたい時」というような回答を引
  き出す。
- 「なぜ **I can ～ .** ではないのでしょうか」と尋ねて，I can ～ . だと自
  分ができること，You can ～ . だと聞いている人たちができることを示
  す，ということを確認する。

---

2. 自分のことを話させる

- クラス全体で，**Where do you want to go?** と児童に尋ねる。
- **I want to go to ～ .** と回答したら，**Why?** と質問する。そして，**You
  can ...?**（上昇調のイントネーションで）と促す。
- **Let's practice. Make pairs. Ask, "Where do you want to go?"
  and "Why?" Answer, "You can ～ ."** と指示し，隣の人に，自分が行
  きたい国や地域とその理由を伝える練習をさせる。

---

3. 語句や表現を聞いたり言ったりする練習をさせる

　世界地図を見せて，ある国や地域を指差しながら，**This is Canada. In Canada, you can ski.** と言いながら，復唱するように指示します。その際，you can ski の ski の部分については，他にどんな魅力があるかについて児童にも考えさせ，その内容を表す語句を練習させるとよいと思います。

② 聞く活動のポイント

1. 児童が英語の意味を理解できるように工夫する

　聞く活動においては，児童が英語の意味内容をしっかりと理解できるように工夫することが重要です。意味を理解させることは大切ですが，児童が知っていると思われる語句や表現のみを使ってばかりでは，新たな語句や表現を習得する機会が失われてしまいます。第二言語習得理論の 1 つであるインプット仮説によれば，いろいろな助けがある中で，自分の力よりも少し高度な英語のインプットの意味内容を理解することによって人は第 2 言語を習得していくとされています（188-190 ページ参照）。本章の例では，ピサの斜塔やコロッセウムなどの固有名詞などが出てきましたが，写真を見せながら話すことで理解を促進するようにしました。また，I ～ . という表現の時には自分を指差し，You can ～ . という表現を言う際には，手振りでクラス全員のことであることを示しました。特に，新出の語句や表現を扱う際には，語句や表現の意味を理解させる工夫をあらかじめ準備しておきましょう。

　既出の語句や表現を扱う際には，児童の理解の状況に基づいて対応しましょう。第二言語習得理論のインタラクション仮説によれば，児童が英語の意味を理解できない場合に，わかりやすく言い換えて説明したり，非言語情報を用いたりして理解させることによって第 2 言語の習得が進みやすくなると考えられています（192-194 ページ参照）。英語を聞かせる際には，児童の様子をよく観察することが大切です。児童が不理解や聞き取りづらさを示した場合には，教師がゆっくりと発音したり，ジェスチャーを付けて状況を示したり，言い換えたりして，児童の理解を促しましょう（コラム B（59-60

ページ）参照）。

2. 語句や表現の音声や意味，使われ方に気づかせる

　聞かせる手順の段階②では，どのような語句や表現が聞こえたか（音声），どのような意味で用いられるか（意味），どのような場面で用いているか（使われ方）などの「**気づき**」を促すようにします。意味と使われ方について，本章の例では「You can〜という表現はどんな場合に使えますか」と聞いています。「〜できる」という「意味」だけではなく，「魅力を伝えたい時に使う」という「使われ方」にも気づかせましょう。

③　バリエーションの付け方

1. 教科書の音源を活用する

　本章の例では，教師の話す英語を聞かせましたが，教科書の「聞く活動」の音源を活用することもできます。その場合には，外国語活動の「聞く活動」において説明したように，教科書紙面の絵について英語でやり取りをして，話される内容を推測してから聞かせたり，英語の音声を途中で適宜止めて教師が英語を繰り返したりするなどの工夫をするとよいと思います（第1部4章参照）。

2. 教師と ALT の複数の例を示す

　ここでは，一緒に行きたいかということを考えながら聞くという，コミュニケーションを行う目的や場面，状況等に応じた聞き方を指導しています。1人の教師の紹介だけでなく，ALT など別の教師の紹介を聞かせれば，複数回，聞くことの指導を行うことができます。

背景となる考え方—「聞くこと」の言語活動

　「聞くこと」の言語活動の中では，英語を聞いて語句や表現を聞き取ってその意味を理解したり（「知識及び技能」），コミュニケーションを行う目的や場面，状況等に応じて情報を精査して，具体的な情報を聞き取ったり，概要を捉えたり（「思考力，判断力，表現力等」），他者に関心を持ちながら主体的に聞こうとしたり（「学びに向かう力，人間性等」）することを指導します（140ページ参照）。外国語活動については，第１部４章④（40-41ページ）も参照してください。

1.「知識及び技能」の点から

　外国語科においては，「知識及び技能」に関しては，「話すこと［やり取り］」の指導と同様に，**既出の語句や表現と，新出の語句や表現で，指導方法を変える**とよいと思います（第１章④）。

（1）既出の語句や表現

　既出の語句や表現に関しては，「聞くこと」の活動の中で積極的に聞かせるようにします。何度も語句や表現に触れて，意味を理解する**経験を積むことによって，聞くことの技能が習熟**していきます。

　語句や表現の意味内容が自分の力で理解できなかった様子が見られた場合には，そのままにせず，指導を行いましょう。本章②で説明したように，児童の理解の状況をよく観察しながら，必要に応じて理解可能となるようにジェスチャーを行ったり，言い換えたり，ゆっくり発音したりして，児童が英語を理解できるようにします（コラム B（59-60ページ）参照）。

（2）新出の語句や表現

　新出の語句や表現に関しては，「慣れ親しみ」からスタートします。つまり，音声，意味，使われ方などについて丁寧に教師の指導を行った上で，聞かせるようにします。

　本章の例では，本章②で述べたように，ピサの斜塔やコロッセウムなどの固有名詞については写真を見せて理解の促進を図っています。また，You can 〜. という表現については，I と You の意味の違いを身振りで示しています。実は，can 自体は既出です。しかし，can を扱った単元では，自分のことを表す I can 〜. や，お互いに尋ね合う Can you 〜?/ Yes, I can. / No, I can't. は指導されていますが，目の前の相手でなく，広くいろいろな人を指す You can 〜. という使い方には触れていません。そのため，本授業では，新出の表現として丁寧に指導を行うようにしています。

2.「思考力，判断力，表現力等」の点から

　外国語科においては，「思考力，判断力，表現力等」の点から，コミュニケーションを行う目的や場面，状況等に応じて，聞いて理解した情報を精査し，具体的な情報を聞き取ったり，概要を捉えたりすることを指導します。具体的な情報を聞き取ることと概要を捉えることの指導内容の例については，166 ページを参照してください。

　本節の例では，「一緒に行きたいと思うか」を考えながら聞いています。そのために，**聞き取った情報を，行きたいと思う（あるいは思わない）理由になる情報と，行きたいと思う（あるいは思わない）理由にならない情報に整理する**ことが必要となります。例えば，Do you like pizza and pasta? You can eat delicious pizza and pasta. I like Italian food. I want to eat delicious Italian food. という英語を聞きながら「自分はピザやパスタはあまり好きではないので，おいしいイタリア料理が食べられるということは，一緒に行きたいと思う理由にはならないな」と考えたり，You can see many wonderful buildings. For example, the Leaning Tower of Pisa and the Colosseum. I like cameras. I want to take pictures of the Leaning Tower of Pisa and the Colosseum. They are beautiful. という英語を聞きながら，「先生が言うとおり，素敵な建物だ。自分も見てみたいな。一緒にイタリアに行ってもよいかもしれない」と考えたりしてほしいのです。そして，その考えた理由をワークシートの「考えたこと」に記入することになります。

　この聞き方は，166 ページの「聞くこと」の指導内容の例で示す「何を知りたいのかという目的意識を持ち，必要な情報とそうでない情報に整理する」という聞き方に該当すると考えられます。

3.「学びに向かう力，人間性等」の点から

　「学びに向かう力，人間性等」に関しては，話し手のことを「知りたい」「わかりたい」という気持ちを持ったり，「こんなことを知りたいな」という目的意識を持ったりしながら，「聞くこと」の言語活動に取り組むように指導します。本節の例では，Today's Goal を意識しながら聞くことの言語活動に取り組ませるために，先生の英語を聞かせた後に，「一緒に行きたいと思いましたか」と問いかけています。

4 ペアトーク1
―「話すこと［発表］」の基本の「き」

第4章のキーワード

▶伝えようとする内容を整理する　▶伝え方を工夫する　▶他者意識

　授業例のメインとなる言語活動は,「話すこと［発表］」ですが,「ペアトーク1」→「共有」→「ペアトーク2」という授業展開の中で行います。本章では,「ペアトーク1」に焦点を当てます。「話すこと［発表］」ですが, ペアで伝え合うのでペアトークと呼びます。

① ペアトーク1の手順

　ペアトーク1の手順は, 1. コミュニケーションを行う目的や場面, 状況等を再確認する, 2. ペアトーク1を開始させる, 3. ペアトーク1を終了させる, という3段階です。

1. コミュニケーションを行う目的や場面, 状況等を再確認する

- Do you remember Today's Goal?（「一緒に行きたいと思ってもらうために, 自分の行きたい国や地域を紹介しよう」という Today's Goal を指差す）と言って, コミュニケーションを行う目的を再確認する。
- Do you remember Talking Points and Listening Points?（「話すことのポイント」と「聞くことのポイント」のカードを指差す）と言って,「思考力, 判断力, 表現力等」に関するポイントを想起させる。
- Make pairs. Please talk in one minute.（「1分」と板書する）

So one student will talk in 30 seconds. The other student will talk in 30 seconds. (「片方が30秒話し，もう一方が30秒話す」ということを，ジェスチャーなどを使いながら説明する)
- You can show your pictures. (写真などを見せるジェスチャーを行う) と言って，どのようにやり取りをするのかを指示する。

なお，行きたい国や地域については，前時までに決めさせておき，紹介のための写真を用意させておきます。

2. ペアトーク1を開始させる

- Let's start. と言ってペアトークを開始させる。
- Please take memos on the worksheet. What did your partner say? Do you want to go there? Why do you think so? と言って，ワークシート（92ページ参照）に「わかったこと」「一緒に行きたいと思ったか」「考えたこと」を記入させる。
- （1分後）Please stop and change your partners. Make new pairs. と言って新たなペアを組ませる。

本章の授業展開では，ペアトーク1に5分割り当てています。今回の例では，ペア当たり1分という時間ですので，ワークシートに記入する時間も考慮し，可能ならば3回ペアを変えてやり取りさせます。

3. ペアトーク1を終了させる

最後のペアトークに関するワークシートを記入させた後で，Please stop. と指示をして，ペアトーク1を終了させます。

② ペアトーク１のポイント

1. ペアの組み方を決めておく

　外国語科では，ペア活動を多用します。ペアの組み方をあらかじめ決めておくとよいでしょう。ペアの組み方としては，座席の周辺の人と組ませる方法として，横の人と組む横ペア，縦の人と組む縦ペア，斜めの人と組む斜めペアがあります。Pair A（最初のペアという意味で），Pair B（次のペアという意味で），Pair X（クロスする形のペアという意味で）など呼び方を決めておくと，指示しやすいでしょう。

　また，児童が移動することによって，新たなペアを組ませることもできます。181 ページで紹介するローテーショントークはその１つの例です。最初，横ペアを組みます。組替えの際には，児童全員が移動します。一方の児童は前方向へ，もう一方の児童は後ろ方向へ移動します（詳細は 181 ページの図を参照してください）。このようにすると，教師は一地点に立っていても目の前に新たなペアができるので，指導や助言を行いやすくなります。

2. コミュニケーションを行う目的や場面，状況等を再確認する

　メインの言語活動段階になると，コミュニケーションを行う目的や場面，状況等を忘れてしまう児童も多くいます。必ず，ペアトークの前に Today's Goal を再確認しましょう。

　本章の例では，Today's Goal,「話すことのポイント」と「聞くことのポイント」，活動の進め方を確認しています。活動の進め方として，活動形態（ペア活動），活動時間（1 人 30 秒の計 1 分），活動方法（写真を見せながら話すこと）を説明しています。

③ バリエーションの付け方

1. ペアではなく，グループやクラス全体に対して伝える

　外国語活動と同様に，「話すこと［発表］」の活動形態をペア，グループ，

クラス全体のように変えることができます（63-64 ページ参照）。

　ポスターセッションのようにしてもよいでしょう。クラスを前半発表者と後半発表者に分けます。まず，前半発表者が教室の指定の位置（ブース）に立ち，残りの児童（後半発表者）は，発表者のブースに行きます。移動が終わった時点で発表を始めます。発表が終わったら，聞き手の児童は別のブースに移動します。ある程度の移動を行った後で，役割をスイッチして，後半発表者がブースに立ち，残りの児童（前半発表者）がブースに移動して発表を聞きます。

2.「書くこと」や「読むこと」の活動を取り入れる

　「話すこと［発表］」に「書くこと」と「読むこと」の活動を加えることができます。紹介したいトピックや最も伝えたいことを例文や語句や表現などを参考にしながら英語で書き写させます。発表する際に，まず書いた英語を見せて，相手（聞き手）に読んでもらいます。それから，「話すこと」の活動に入るという流れです。

　本章の例では，まず，自分が行きたい国や地域について，語句や表現を書き写させます（例：I want to go to Canada .）。そして，発表する際，書いた英語を聞き手に見せるように指示します。聞き手には，Canada? や You want to go to Canada? というように読み取った内容を話し手に伝えるように指示します。そして話し手に，Yes. I want to go to Canada. と言って紹介を始めるように指示します。

3.「話すこと［やり取り］」の活動を加える

　互いの紹介が終わった後で，適宜やり取りを続けるように指示をすることができます。聞き手が I want to go to 〜 . I like 〜 too. のように一緒に行きたいかどうかを話し手に伝えたり，互いに自分の好きなことややってみたいことなど尋ね合ったりさせてもよいと思います。

④ 背景となる考え方―「話すこと [発表]」の言語活動

授業例のメインの活動では，「話すこと [発表]」と「聞くこと」の言語活動を扱っています。「聞くこと」については，3章で説明しましたので，ここでは「話すこと [発表]」を取り上げます。

外国語科では，「話すこと [発表]」の言語活動の中では，語句や表現を用いたり（「知識及び技能」），コミュニケーションを行う目的や場面，状況等に応じて伝えようとする内容を整理した上で伝えたり（「思考力，判断力，表現力等」），他者意識を持ちながら主体的に伝えようとしたり（「学びに向かう力，人間性等」）することを指導します（143-144 ページ参照）。第 1 部 7 章④の外国語活動についても参照してください。

1.「知識及び技能」の点から

語句や表現は言語活動の中で繰り返し使うことによって身につけさせていきます。そのため，ペアトーク中は，児童のやり取りの様子をよく観察することが重要です。ペアトーク 1 において英語の語句や表現を言えずに困っている児童がいた場合には，個別に支援を行います。もし，つまずいている点が，多くの児童に共通する場合には，5 章「共有」の場面で取り上げるようにします。

2.「思考力，判断力，表現力等」の点から

コミュニケーションを行う目的や場面，状況等に応じて，何を伝えるかを考える（思考力），どれを伝えるかを決める（判断力），どのような順番で伝えるかを決める（判断力），伝え方を工夫する（表現力）ことを指導します。

164 ページで「話すこと [発表]」の学年ごとの目標（例：【第 5 学年】の目標「自分のことや身近な事柄について，伝えようとする内容を自分の考えと理由に整理した上で，伝え方を工夫しながら，自分の考えや気持ちなどを話すことができる」）と，学年ごとの目標に関連した指導内容を紹介しています。授業例で設定した Today's Goal「一緒に行きたいと思ってもらうた

めに，自分の行きたい国や地域を紹介しよう」の場合，自分の考えと理由を整理することについては，「自分の行きたい国や地域」と「その理由（その国や地域の魅力）」に整理して話すように指導しています。また，伝え方を工夫することについては，相手に質問をして（例：Do you like pizza?），相手の好みに応じて紹介する（例：相手が Yes. と答えたら食べものに関する魅力を伝える）ことを「話すことのポイント」として押さえています。

伝えようとする内容を自分の考えと理由に整理すること
- 自分の考え……自分の行きたい国や地域
- 理由……どうして行きたいのかという理由（何ができるか，どんな国なのかという魅力について）

伝え方を工夫すること
- 相手が何が好きかを聞いて，相手の好みに応じて紹介する

3.「学びに向かう力，人間性等」の点から

　他者意識を持ちながら主体的にコミュニケーションを図ろうとすることを指導します。外国語科の「話すこと［発表］」においては，発表する相手は，目の前にいる相手だけではなく，ICT 端末で発表を録画したり，遠隔通信によって交流活動を行ったりしてさまざまな人であることが多くなります。**伝えようとする人を意識して話す**ことを指導しましょう。

　また，主体的にコミュニケーションを図ろうとすることについては，目的意識を持って言語活動に取り組んだり，言語活動がうまく行ったのか，そうでなかったのかという達成度を自覚したり，言語面（「知識及び技能」の側面）と内容面（「思考力，判断力，表現力等」の側面）から自らの学びを振り返ったりすることを指導します。本章の授業例では，Today's Goal を設定することによって目的意識を持たせています。また，この後の「共有」や「ペアトーク2」を通して達成度を自覚できるようにします。さらに，「振り返り」を通して，言語面と内容面から振り返らせるようにします。

5 共有
―「身につけること」の基本の「き」

第5章のキーワード
▶困った点の共有と解決　▶Do―Learn―Do Again

　ペアトーク1とペアトーク2の間で「共有（Sharing）」の時間をとります。「中間指導」や「中間交流」,「交流の時間」と呼ぶこともあります。ペアで話した内容をクラス全体で共有する時間であり，ペア活動の際に困ったことなどをクラス全体で共有して解決する時間でもあります。そのため，ここでは「共有」と呼びます。

① 共有の手順

　共有の手順は，1. Today's Goal を達成できたかを尋ねる，2. よかった点を共有する，3. 困った点を共有し解決する，という3段階です。

1. Today's Goal を達成できたかを尋ねる

　まず，「一緒に行きたいと思ってもらえるように発表できましたか」や「一緒に行きたいと思える友だちはいましたか」と問いかけて，Today's Goal を達成できたかどうかを尋ねます。

　発表できたという児童に対しては，どこを工夫したかを発言してもらいます（例：「You can ～ . を使って，魅力を伝えた」，「相手の好みに応じて，できることを伝えた」など）。そして，「話すことのポイント」を意識させます。

　一緒に行きたいと思える友だちがいた児童に対しては，どうして行きたいと思ったのかを尋ね，ワークシート（92ページ）に書いたメモに基づいて発表してもらいます（例：「一緒に行きたいと思いました。Aさんは○○が

楽しめるって言っていて，私も楽しみたいなと思ったからです」）。そして，「聞くことのポイント」を意識させます。聞き手や話し手としての新たな工夫があれば，「話すことのポイント」や「聞くことのポイント」に加えます。

2.　よかった点を共有する

　次に，ペアトーク1でよかった点を共有します。ここでは，代表児童に前に出て発表してもらいます。そして，クラスに代表児童のよかった点を発言してもらいます。よかった点を共有する際には，「知識及び技能」，「思考力，判断力，表現力等」，「学びに向かう力，人間性等」の3つの柱のバランスを取るようにしましょう。もし児童の気づきが偏っている場合には，教師が別の側面からよかった点を伝えましょう。

3.　困った点を共有し解決する

　次に，言いたかったけど言えなかった表現はないか尋ねます。既出の表現で言えそうだと判断できれば，クラス全体でどのように言えばよいかを考えます。そうでないと判断される場合には，教師の方で必要な語句や表現を教えてよいと思います。次のやり取りの例では，You can enjoy 〜 . や old temples は，児童の力で表現できそうだと判断し，児童の発言を待っています。一方，castles は新出の語句だと判断し，教師の方から示しています。

教師：　言いたかったけど言えなかった表現はありませんか。

児童A：「歴史に触れられる」って言いたいです。

教師：　（クラスに）歴史に触れられるって言いたかった人いますか？

クラス：（数名手を挙げる）

教師：　みんなだったらどのように表現しますか。

児童B：歴史を楽しめる。

児童C：Enjoy.

教師：　You can enjoy 〜 . って使えそうですね。歴史ってどんなもの？

児童D：古い寺

児童 E：Old.

児童 F：Temple.

教師：　Ah, you can enjoy old temples. って表現できますね。A さん，歴史に触れられるって，お寺のこと？

児童 A：お寺だけでなく，お城も。

教師：　お城は，castles ですね。You can enjoy old temples. You can enjoy castles. って言えますね。言えますか。

児童 A：You can enjoy old temples. You can enjoy castles.

教師：　That's right.

　この後で，各自の紹介の中で，You can enjoy 〜 . という表現が使えそうかを考えさせ，You can enjoy 〜 . と発音させます。

② 共有のポイント

1. 必要に応じて理解させたり練習させたりする

　言語材料（語句や表現）を理解したり練習したりする指導は必要に応じて行うこととされています（152-154 ページ参照）。よく「○○（英語の語句や表現）と言えばよいですね」と提示するだけで，次の活動に移ってしまうことがあります。どう言えばよいかということを理解させて終わってしまわずに，**児童が発音できるかどうか確認し，場合によっては練習する**時間を確保するとよいでしょう。

2. 1 人の困りごとを全体に共有する

　困った点を共有し解決する段階では，言いたかったけど言えなかった表現を確認しました。児童 1 人の困りごとを扱ったわけですが，その他の児童もそこで出てきた語句や表現を言う練習の機会を与えることが重要です。1 人の児童が伝えたかったことと同じようなことを伝えたいと思っている児童もいます（例では「歴史に触れられるって言いたかった人いますか？」と確認

しています）。また，そのように聞かれることによって，自分も言いたいと思い，伝えたい内容が豊かになることがあります。

③ バリエーションの付け方

1. よかった点を ICT を活用して共有する

　授業例では代表児童に行きたい国と地域を紹介してもらいました。他の方法として，ペアトーク 1 の発表の様子を ICT 端末で録画しておき，よかった発表の様子をクラスで見せることができます。動画を活用することによって，途中で止めたり，繰り返し確認したりすることが可能です。

2. ペアトーク 1 の様子を教師が英語で伝える

　困ったことを共有し解決する段階で，教師がペアトーク 1 で観察していた児童の様子を英語で共有することができます。例えば，ペアトーク 1 の際，You can eat delicious 焼肉. と言っていた児童 A がいたとします。共有の時間の際に，I listened to A-san's presentation. Where does he want to go? A-san said, "I want to go to Korea." Why? A-san said, "You can eat delicious barbecue." とクラスに伝えれば，児童 A に対しても焼肉をどのように英語で表現すればよいかを示すことができます。

3. チャンツや歌など，語句や表現を言う練習を行う

　ペアトーク 1 において，語句や表現を言うことにつまずく児童が多いようであれば，チャンツや歌など，語句や表現を言う練習をクラス全体で行ってもよいと思います。

　新出の語句や表現については「聞く活動」の中で練習しました（94 ページ）。既出の語句や表現についてはまず自分の力で使ってみて，必要があれば理解したり練習したりする指導を行うようにします。そのため，ペアトーク 1 で児童の状況を把握した上で，チャンツや歌などを通して，語句や表現を言う練習を行うとよいと思います。

④ 背景となる考え方―「身につけること」の指導手順

1. 外国語科の指導手順

　外国語科では，実際のコミュニケーションにおいて活用できる技能を身につけることが求められています。**「身につけること」**は，**モデルの提示や練習などがなくても，自分の力で語句や表現を活用できている状態**のことです。

　「身につけること」の指導の基本的な手順は，**言語活動を自分の力でやってみる**（Do），**必要に応じて学ぶ**（Learn），**類似の言語活動を繰り返す**（Do Again）という流れです（157-158 ページ参照）。言語活動を通して指導します。

　本章で扱う授業展開と，「身につけること」の指導手順の対応関係は次のようになります。あえてペア活動の前にチャンツなどを練習する活動を行わなかったのは，「身につけること」の指導手順に従ったからです。ただ，「聞く活動」の中で，You can 〜 . という表現を新出として扱っており（93 ページ），本時において「慣れ親しみ」の指導も同時に行っていたと言えます。

本章の授業展開	「身につけること」の指導手順	「慣れ親しみ」の指導手順（You can 〜 . に関して）
3. 聞くことの活動		言語材料の導入（Presentation） 言語材料の練習（Practice）
4. ペアトーク 1	言語活動を自分の力でやってみる（Do）	コミュニケーション（Production）
5. 共有	必要に応じて学ぶ（Learn）	
6. ペアトーク 2	類似の言語活動を繰り返す（Do Again）	

2.「言いたかったけど言えなかったこと」

　本節では,「困ったことを共有し解決する」手順で,「言いたかったけど言えなったこと」を取り上げました。この指導に関して,第二言語習得理論の1つである**アウトプット仮説**を参考にするとよいと思います（191-192 ページ参照）。

　アウトプット仮説によれば,話すことや書くことが第二言語習得を促進する理由の1つとして,**「気づき機能」**を挙げています。アウトプット仮説の「気づき機能」とは,話したり書いたりする機会があると,学習者は自分では表現したいけど自分の能力では表現できないことに気づくという働きです（「穴の気づき」とも言います。195 ページ参照）。アウトプット仮説では,その後,学習者は周りで用いられる英語をより注意深く聞いたり読んだりすることによって,必要な表現を習得すると考えられます。

　この考え方によれば,明示的にどう言えばいいのかを示すだけが学びにつながるわけではありません。「共有」の段階で,**代表児童が話す英語を聞く**ことを通しても,**「ああ言えばいいんだ」**という学びにつながります。また,バリエーションで紹介したように,ペアトークで話された内容を**教師が英語で伝える**だけでも,同様の学びは可能です。

　それでは,クラス全員でどう言えばよいかを考えることにはどのような意味があるのでしょうか。すでに扱った語句や表現で対応できる場合には,**他の児童のシミュレーション練習**になります。「もし自分が『歴史に触れることができる』って言いたくなったらどのように表現するかな」と考えながら,英語を表現することができます。また,**授業の中で今まで学んだことを思い起こす機会**にもなります。「そういう語句や表現を聞いたことがあるな」と考えながら,友だちの発言を聞くことができます。

6 ペアトーク2
―指導改善や学習改善の基本の「き」

第6章のキーワード
▶力の高まりの観察　▶児童なりの課題意識

　「身につけること」の指導手順の最終段階として「ペアトーク2」を取り上げます。そして，指導改善や学習改善について説明します。

① ペアトーク2の手順

　ペアトーク2でもペアトーク1と同じく，一緒に行きたいと思ってもらうために自分の行きたい国や地域を紹介する活動を行います。ペアトーク2の手順は，1. ペアトーク2に対する目標を持たせる，2. ペアトーク2を実施させる，3. Today's Goal を達成できたか確認する，という3段階です。

1. ペアトーク2に対する目標を持たせる

　次のように指示をして，2度目の「話すこと[発表]」に向けてどのようなことをがんばりたいかについて考えさせます。

- Now let's talk in pairs again.
- 「ペアトークの2回目を行います。どのようなことをがんばりたいか，考えてみましょう」と指示する。しばらく時間をとる。もし時間的に余裕があれば，1〜2名の児童に発言させる。

111

2. ペアトーク 2 を実施させる

- Now you are ready. Make new pairs. Let's start "Pair Talk 2." と言って，ペアトーク 2 を始めさせる。
- 1 分ごとに，It's time to take memos on the worksheet. と言ってワークシート（92 ページ参照）に記入させる。
- ワークシートの記入が終わったところで，It's time to change partners. Make new pairs. と言って，新しいペアを組ませる。
- Please stop. と言って，ペアトーク 2 を終了させる。

3. Today's Goal を達成できたか確認する

- （クラス全体に）「自分の行きたい国や地域を紹介して，一緒に行きたいと思ってもらえましたか」と尋ね，挙手させる。
- （思ってもらえたと感じている児童に）「どのような工夫をして，一緒に行きたいと思ってもらえましたか」と尋ねる。児童の発言に応じて，「話すことのポイント」を指差したり，「話すことのポイント」に児童の工夫を付け加える。
- （クラス全体に）「友だちの行きたい国や地域の紹介を聞いて，一緒に行きたいという友だちがいましたか」と尋ね，挙手させる。
- （そのような友だちがいたと感じている児童に）「どうして一緒に行きたいと思いましたか」と尋ねる。児童の発言に応じて，「聞くことのポイント」を指差したり，「聞くことのポイント」に児童の工夫を付け加えたりする。

② ペアトーク２のポイント

1. ペアトーク１からの力の高まりを観察する

　教師の役割は，児童の力の高まりを観察することです。ペアトーク１からの変容を捉えようと意識して，児童の取り組みを観察しましょう。

　次に示すのは，観察の視点の例です。ペアトーク１とは異なる児童を観察する場合には，(1) と (2) の視点を意識するとよいと思います。ペアトーク１で観察した児童を再び見る場合には，(3) の視点を意識しましょう。

(1) Today's Goal を意識し，「話すことのポイント」や「聞くことのポイント」を使いながら，話したり聞いたりしているか。(本時のねらいが達成できているか。)

(2)「共有」の時間で指導したことを取り入れながら話したり聞いたりしているか。(「必要に応じて行った指導」が活きているか。)

(3) ペアトーク１でうまくできなかったことが，ペアトーク２でできるようになっているか。(言語活動を繰り返すことで，力の高まりがあるか。)

　ペアトーク２で観察したことに基づいて，指導改善や学習改善を行います。

2. 児童なりの課題意識を持たせる

　最初の手順で，ペアトーク２に対する児童の目標を確認したのは，児童なりの課題意識を持たせるためです。これは，「学びに向かう力，人間性等」の側面の力を育成するためにも重要です。

③ バリエーションの付け方

1. ALT に対して発表を行う

　一緒に行ってみたいと思ってもらえるように，ALT に向かって「行きたい国や地域」を紹介する活動を設定してもよいでしょう。本時では，児童同士での発表を想定していますが，英語母語話者や英語が堪能な方に英語を話して，伝えられたという実感を持つことは動機づけの高まりにもつながりま

6

ペアトーク２─指導改善や学習改善の基本の「き」

す（コラムD（126ページ）「コミュニケーションの相手としての役割」参照）。

2. ICTを使って児童なりの目的を記入させ，共有する

　手順1の目標を持たせる時間で，ICT端末を使って，自分のがんばりたいことを記入させ，友だちの記入を読むことができる状態にします。言語活動に取り組む態度を，他の児童の記入から学ぶことができます。

3. 代表児童に発表してもらう

　代表児童にクラスの前で行きたい国や地域を紹介してもらいます。他の児童には一緒に行きたいと思うかを考えさせ，一緒に行きたいと思った児童に挙手をしてもらいます。「たくさんの友だちに一緒に行きたいと思ってもらえて，Today's Goalが達成できましたね。Very good.」とほめます。また，代表児童が用いていた「話すことのポイント」について，「このポイントを使っていましたね」と言います。

④ 背景となる考え方―指導改善・学習改善

　ペアトーク2に至るまでの言語活動や指導を通して，児童の学びが高まった状態になっています。児童の学びを評価し，必要があれば，指導改善を行います。例えば，本時の中で，魅力を伝える表現に課題のある児童が多く見られれば，次時の予定を変えて，You can 〜 . という表現を聞く活動やYou can 〜 . と言う練習を行ったりします。**指導改善**とは，問題が生じたら，予定していた指導計画を変更し，必要とされる活動（言語活動や練習活動）を行い，より効果的な指導を目指すことです。また，指導改善を行った上で，依然として課題が残る児童がいれば，**学習改善**を個別に行います。

　単元の中途段階では，児童の学習状況を評価し，指導改善や学習改善につなげることが重要です。ペアトーク2のポイント1で，児童の力の高まりを観察することを挙げたのは，指導改善や学習改善のための評価を行うためです。一方，単元の終末では，**記録に残す評価**を行います（第3部6章参照）。

　指導改善や学習改善のための評価に関しては，すべての児童の学習状況を把握することは必ずしも必要ではありません。1人でも学習状況に課題があれば，学習改善のための個別指導を行うべきです。また，数名の学習状況に課題があれば，他にも問題を抱えている児童がいる可能性があるので，指導改善を行ったほうがよいでしょう。あせって次に進んでも，単元終末の言語活動までたどりつきません。

7 書く活動
―「書くこと」の基本の「き」

第7章のキーワード
▶コミュニケーションを行う目的や場面，状況　▶4線
▶大文字・小文字

① 書く活動の手順

　書くことの活動の手順は，1. コミュニケーションを行う目的や場面，状況等を確認する，2. 書き写す語句や表現や，例文を示す，3. 書かせる，という3段階です。

1. コミュニケーションを行う目的や場面，状況等を確認する

　まず，何のために誰に対して書くのかということを示し，書くことの目的や場面，状況等を次のように確認します。

> 友だちと行きたい国や地域を紹介し合いました。ただ，まだ，全員には紹介していないですね。これから，自分が紹介した国や地域の紹介を英語で書いてもらいます。次回，お互いの紹介文を読みます。紹介文を読んでもらって一緒に行きたいと思ってもらうために，紹介文を書きましょう。

　ここでは，「一緒に行きたいと思ってもらうために」「（まだ紹介していない）友だちに対して」ということを示しています。

2. 書き写す語句や表現，例文を示す

　語句や表現が書かれた教科書のページを示したり（例：Please open your textbooks on page 10. You can look at countries.），ワークシートを配布したりして，書き写すことのできる語句や表現，例文を示します。そして，自分の紹介文を書くワークシートを配布します。

3. 書かせる

　Let's write, "Where do you want to go?" Let's start. と言って，書くことの活動を行わせます。

② 書く活動のポイント

1. 練習ではなく「書くこと」のコミュニケーションにする

　書く活動は，読む人の設定がなかったり，書く目的がなかったりして，書くことの練習活動になっていることがよく見られます。**自分の伝えたいことを誰かに伝えるために書くというコミュニケーション**にしましょう。ここでは，まだ紹介していない友だちに，一緒に行きたいと思ってもらうために，行きたい国や地域の紹介を書くという設定にしました。

2. 書くワークシートには4線を示す

　児童が書く場所には，4線を示しましょう。そして，**大文字や小文字を4線上に正しく配置して書いているかどうか確認し**，適宜指導します。

　書き慣れていない児童を対象にした酒井・小林・滝沢・伊東（2018）の調査では，大文字ではN，M，L，Jが，小文字ではq，l，j，m，nが誤りの多かった文字でした。

　例えば，大文字のJは，大文字と小文字の混同，配置の誤り（次ページ図①），鏡映文字（②）などの誤りが見られました。小文字のjでは，大文字・小文字の混同や大きさ・長さの誤り（③や④）などの誤りが見られました。4線を意識して文字を書くように指導することが必要です。

①大文字の誤り	②大文字の誤り	③小文字の誤り	④小文字の誤り

（酒井・小林・滝沢・伊東（2018）のデータから）

③ バリエーションの付け方

1. コミュニケーションを行う目的や場面，状況等の設定を変える

　誰に対して書くのかや，何のために書くのかという設定を変えることができます。例えば，「先生は何人かの紹介を聞くことができましたが，全員の紹介を聞けませんでした。皆さんがどのような国や地域に行きたいと思っているのか，またどんな魅力があるのか知りたいと思っています。先生に教えてくれるために，紹介文を英語で書いてくれませんか」と指示をして，教師に対して，自分の行きたい国や地域の紹介文を書くように示します。

2. 「読むこと」の活動を加える

　書いた直後に友だち同士で読み合う活動を行うことも可能です。一緒に行きたいと思うかを考えながら読ませます。

④ 背景となる考え方―「書くこと」の言語活動

　外国語科においては，「書くこと」に関しては，大文字や小文字を自分の力で書くことと，語順を意識しながら語句や表現を書き写したり，例文を参考にして書いたりすることができるようにします（145ページ参照）。大文字や小文字については，「身につけること」を目指します。一方，書き写したり，例文を参考にして書いたりするだけで，単語の綴りを覚えさせる必要はありません。

1. 「知識及び技能」の点から

　大文字や小文字を 4 線上に正しく書けるようにします。外国語科の多くの教科書では，第 5 学年の最初の方で大文字と小文字を扱います。ただし，**すべての文字を正しく書けるようになるには時間がかかります**。継続的に指導していくようにしましょう。

2. 「思考力，判断力，表現力等」の点から

　コミュニケーションを行う目的や場面，状況等が明示された「書くこと」の言語活動の中で，伝えたい内容を考えて書くことを指導します。**目的や場面，状況等に合った内容を選んでいることが重要**です。

　また，書く際には，語順を意識して書くように指導します。語順を意識しながら書くことについては，『小学校学習指導要領（平成 29 年告示）解説外国語活動・外国語編』（文部科学省 , 2018，p. 72）では次のように記されています。

> 「語順を意識しながら書いたり」とは，中学年から何度も聞いたり話したりしてその音声に十分に慣れ親しんでいる基本的な表現を書き写す際に，英語で何かを表す際には，決まった語順があることへの気付きを踏まえ，語と語の区切りに注意してスペースを置き，それを意識しながら書くことを表している。

　まとめると，書くことの「思考力，判断力，表現力等」については，コミュニケーションを行う目的や場面，状況等に応じて，伝える内容を決め，語と語との順番を意識し，語と語の区切りに注意してスペースをあけて書く力を育成します。

　「話すこと［発表］」に関しては，「伝えようとする内容を整理した上で」という点が「思考力，判断力，表現力等」の鍵となると説明しましたが，書くことについては，そこまで求める必要はありません。

7

書く活動―「書くこと」の基本の「き」

3.「学びに向かう力，人間性等」の点から

　「学びに向かう力，人間性等」に関しては，誰かに伝えたいという気持ち
を持って書いたり，目的に応じて適切な内容を選ぼうとしたり，読み手を意
識して丁寧に書こうとしたりすることを指導します。

8 振り返り
―「振り返り」の基本の「き」

第8章のキーワード
▶振り返りカード ▶言語面・内容面・態度面からの振り返り
▶「主体的に学習に取り組む態度」
▶自らの学習を自覚的に捉えている状況

① 振り返りの手順

振り返りの手順は，1. Today's Goal を振り返る，2. 振り返りカードを記入させる，3. 振り返りを共有し次時につなげる，という3段階です。その後で，終わりのあいさつをします。

1. Today's Goal を振り返る

次のように，Today's Goal と「話すことのポイント」と「聞くことのポイント」を振り返ります。

> Today's Goal は，「一緒に行きたいと思ってもらうために，自分の行きたい国や地域を紹介しよう」でした。「話すことのポイント」として，魅力を伝えるには「何ができるかを伝えること」「感想を伝えること」「相手の好みに応じて紹介すること」が大事でした。このポイントに注意して，一緒に行きたいと思ってもらえましたか。
>
> また，「聞くことのポイント」としては，一緒に行きたいかどうか考える際に，「行きたい国や地域が同じかどうか」「好みが同じか」「説明が魅力的か」などを考えるとよかったですね。このポイントに注意して，一緒に行きたい友だちを見つけることはできましたか。

2.　振り返りカードを記入させる

　振り返りカードを配布します。**Please write your reflection on today's lesson.** と言って，振り返りカードに記入させます。

3.　振り返りを共有し次時につなげる

　数名の児童に発表してもらいます。Today's Goal を達成できたか，達成できたならば何がよかったのか，達成できなかったとすれば次どうすればよいのか，を考えさせます。そして，次時に行うことを簡単に伝えます。

② 振り返りのポイント

1.「思考力，判断力，表現力等」に関するポイントも振り返らせる

　Today's Goal だけではなく，「話すことのポイント」や「聞くことのポイント」も振り返らせます。特に，目的を達成するためには，どう話せばよいのか，どう聞けばよいのかという「思考力，判断力，表現力等」の指導につながります。

2.　振り返りカードは選択式と自由記述式で作成する

　高学年になれば，日本語の表現力も高まってきます。振り返りカードの選択式は Today's Goal に関するものに留め，自由記述式で回答してもらうようにしましょう。次の例では，Today's Goal の達成度を選択式で回答させ，その達成度の理由（できた理由，できなかった理由，これからにつなげたいこと）を自由記述式で回答させる形式になっています。

① Today's Goal の達成度	1------------2------------3 Not so good　　Good　　Very good
②達成度の理由（できた理由・できなかった理由・これからにつなげていくこと）	

　児童の自由記述式の回答は，「知識及び技能」（言語面），「思考力，判断力，表現力等」（内容面），「学びに向かう力，人間性等」（態度面）の 3 つの柱の点から分析するとよいでしょう。

　例えば，「① Very good.（とてもよくできた），② ユーキャン〜と言ってできることを伝えることができたから」という記述は，言語面から振り返っていると考えられます。また，「① Not so good.（あまりできなかった），②カナダの魅力をあまり伝えることができなかったから」という記述は，目的を達成するための内容となっていなかったとしており，内容面から振り返っています。「① Good.（できた），②一緒に行きたいか考えながら集中して紹介を聞こうとしたから」は，態度面から振り返っています。

　振り返りの共有の際に，言語面，内容面，態度面のバランスを取って，取り上げましょう。

③ バリエーションの付け方

1. 教師や ALT がコメントする

　振り返りを共有する際には，教師や ALT が，Today's Goal の点から，児童の姿のよかった点や課題にしたい点を伝えてもよいでしょう。また，ペアトーク 2 での児童の力の高まりの様子を紹介してもよいと思います。

2. ICT を活用する

　ICT 端末を用いて，振り返りをオンライン上で記入させてもよいでしょう。高学年になると，入力も上手になってきます。スプレッドシートで枠を作って書き込ませて共有すれば，児童は，他の児童の振り返りを読むことができます。

8

振り返り――「振り返り」の基本の「き」

背景となる考え方―振り返り

　外国語活動の振り返りの章（71 ページ参照）で紹介した外国語教育における学習過程は，外国語科にも当てはまります。『小学校学習指導要領（平成29 年告示）解説外国語活動・外国語編』（文部科学省, 2018, p. 98）には，①設定されたコミュニケーションの目的や場面，状況等を理解する，②目的に応じて情報や意見などを発信するまでの方向性を決定し，コミュニケーションの見通しを立てる，③目的達成のため，具体的なコミュニケーションを行う，**④言語面・内容面で自らの学習の振り返りを行う**というプロセスが示されています。「知識及び技能」に関わる言語面と，「思考力，判断力，表現力等」に関わる内容面から振り返らせるようにしましょう。

　振り返りカードは，「主体的に学習に取り組む態度」の評価資料の 1 つとして用いることができます（177-178 ページ参照）。特に「自らの学習を自覚的に捉えている状況」（すなわち，自己調整している姿）に関する情報を得ることができます。単元が終了した後で，振り返りカードを見直して，それぞれの児童が単元を通してどのように学びを深めていったのかということを把握しましょう。

ティーム・ティーチングの基本の「き」

　外国語活動や外国語科において，英語母語話者や英語が堪能な地域の方々を積極的に活用することが求められています。多様なティーム・ティーチングの形式がありますが，本コラムでは英語母語話者など異なる文化背景を持つALT（外国語指導助手）とのティーム・ティーチングに焦点をあてます。ALTと協力して会話場面を見せたり，クラスを2分割してそれぞれの先生が担当して指導をしたりするなど，協力方法にはさまざまあります。その際，次の3つのALTの役割を意識しましょう。

（1）言語や文化のインフォーマント（情報提供者）としての役割

　言語の使い方や出身国の文化的な情報についてALTに紹介してもらいます。授業中に児童に対して話してもらってもよいですし，授業前に教材研究のために紹介してもらうこともできます。

　例えば，May I help you? という表現を扱うとします。どんな場面で（どんな時に）使える（使えない）表現なのか（When/Where would you (not) use this phrase?），誰に対して使える（使えない）のか（Who could you (not) say this phrase to?），類似表現はあるか（Do you know other expressions for a similar situation?）といった質問をして情報を集めます。「いらっしゃいませ」と日本語に訳して覚えてしまうと，屋台のようなお店での声掛けにも使ってしまいますし，お店でしか使われない表現だと思ってしまうかもしれません。ALTの話を通して，屋台ではこの表現はあまり使われないことや，お店だけでなく道で困っている人に対しても使える表現であることがわかるでしょう。

（2）インプットの提供者としての役割

　ALTは熟達した英語の使い手です。児童に英語で話しかけてもらい，多量で多種多様なインプットを与えてもらうとよいと思います。ただし，理解「不可能」なインプットでは，第2言語の習得上，役に立ちません。理解可能な英語を話してもらうように工夫してもらうことが必要です（コラムB 59-60ページ参照）。ALTにも，「メリアー・アプローチ」を意識してもらうとよいでしょう。

参考までに, 英語による「メリアー・アプローチ」の説明を示します。

Giving comprehensible input for pupils is important for second language acquisition. Keep the following seven strategies in mind so that you can make yourself understood by your students.

1. Model/Mime: Use extra-linguistic information (e.g., visual aids, gestures).
2. Example: Give examples.
3. Redundancy: Paraphrase difficult sentences.
4. Repetition: Repeat important information.
5. Interaction: Interact with your students to enhance their involvement.
6. Expansion: Repeat and expand what your student said (i.e., feedback).
7. Reward: Praise and encourage your students.

These seven strategies are called "MERRIER Approach."

（3）コミュニケーションの相手としての役割

授業の中で, ALT を相手にして児童が英語によるコミュニケーション力を試す機会を設けることができます。ALTがこの役割を担う時には, 児童の伝えたい内容を理解することができたかどうかをALTが児童に示すことが重要です。

例えば, 児童がI like *basuke.* と表現したら, You like what? と怪訝な顔をしたり, *Basuke?* と繰り返したりすることによって, 「バスケ」では英語母語話者に通じないということを示します。また, I like basketball. という児童の英語の内容がきちんと理解できた時には, Oh, you like basketball. I see. と理解できたことを示してあげます。

「伝わった」「わかってくれた」という喜びを児童に感じさせたいものです。

第 3 部

これを知っていれば心強い
基本の「き」

教育課程における外国語活動・外国語科と
外国語の教え方・学び方の理解を深める

　第 3 部では，第 1 部，第 2 部で紹介した「背景となる考え方」を整理し，説明します。学習指導要領，コミュニケーションを図る資質・能力，コミュニケーション能力，言語活動，学年ごとの目標（CAN-DO リスト），学習評価，外国語教授法，第二言語習得理論という 8 つのトピックを取り上げました。これらに関する理解は，日々の教育実践を支えることでしょう。

1 学習指導要領の基本の「き」

第1章のキーワード
▶外国語活動の目標　▶外国語科の目標
▶外国語によるコミュニケーションにおける見方・考え方
▶小中高の連携

　学習指導要領とは，教科などの目標，指導する内容，指導計画の作成と内容の取扱いに関する配慮事項を示しているものです。およそ10年に1度改訂されます。外国語活動が第3学年と第4学年で実施され，教科としての外国語科が高学年で実施されるようになったのは，平成29（2017）年に告示された小学校学習指導要領からです。この学習指導要領は2年間の移行期間を経て令和2（2020）年4月より完全実施されています。本章では，学習指導要領を中心に紹介しながら，外国語活動及び外国語科がどのようなものなのかを理解していきます。また，小学校・中学校・高等学校の連携について説明します。

① 教育課程における外国語活動・外国語科の位置づけ

　平成29（2017）年に改正された学校教育法施行規則の第50条は小学校の教育課程について次のように規定しています。

> 小学校の教育課程は，国語，社会，算数，理科，生活，音楽，図画工作，家庭，体育及び外国語の各教科（以下この節において「各教科」という。），特別の教科である道徳，外国語活動，総合的な学習の時間並びに特別活動によって【注：本文のママ】編成するものとする。

　ここから，外国語活動は教科として位置づけられていませんが，外国語科は教科として位置づけられていることがわかります。外国語活動の授業時数は第3学年と第4学年においてそれぞれ年間35単位時間（週1時間相当），外国語科の授業時数は第5学年と第6学年においてそれぞれ年間70単位時間（週2時間相当）確保されました。

　英語活動や英語科ではなく，外国語活動や外国語科とされています。平成29（2017）年告示の小学校学習指導要領には次のように書かれており，英語を取り扱ったり，履修させたりすることが原則となっています（下線筆者）。

【外国語活動】
外国語活動においては，言語やその背景にある文化に対する理解が深まるよう指導するとともに，外国語による聞くこと，話すことの言語活動を行う際は，<u>英語を取り扱うことを原則とすること</u>。

【外国語科】
外国語科においては，<u>英語を履修させることを原則とすること</u>。

　中学校では「英語科」という言い方をするのにどうしてなのかと思われる方もいらっしゃるかもしれませんが，実は中学校においても教科としては「外国語」という名称が使われています。平成10（1998）年告示の中学校学習指導要領には「必修教科としての『外国語』においては，英語を履修させることを原則とする」と記載されており，英語を扱うことになっています。それ以降の改訂によっても，同じ原則が引き継がれています。

② 外国語活動と外国語科の目標

　小学校学習指導要領で示されている外国語活動と外国語科の目標の前文を見てみましょう。

【外国語活動】

外国語によるコミュニケーションにおける見方・考え方を働かせ，外国語による聞くこと，話すことの言語活動を通して，コミュニケーションを図る素地となる資質・能力を次のとおり育成することを目指す。

【外国語科】

外国語によるコミュニケーションにおける見方・考え方を働かせ，外国語による聞くこと，読むこと，話すこと，書くことの言語活動を通して，コミュニケーションを図る基礎となる資質・能力を次のとおり育成することを目指す。

　外国語活動も外国語科も，コミュニケーションを図る資質・能力を育成することになっています（第2・3章参照）。外国語活動では「素地」，外国語科では「基礎」というように段階づけられています。

　また，どのように学ぶかという学習過程に関する言及もあります。外国語活動も外国語科も**「言語活動」**を通して資質・能力を育成することになっています（第4章参照）。外国語活動と外国語科の違いは，そこで扱われる領域です。外国語活動では「聞くこと」と「話すこと」を扱いますが，外国語科においては「読むこと」と「書くこと」が加わります。

③　外国語によるコミュニケーションにおける見方・考え方

　先述の外国語活動及び外国語科の目標の冒頭に，**「外国語によるコミュニケーションにおける見方・考え方を働かせて」**と書かれています。『小学校学習指導要領（平成29年告示）解説外国語活動・外国語編』（文部科学省，2018, p.11, p.67）では次のように説明されています（下線筆者）。

　「外国語によるコミュニケーションにおける見方・考え方」とは，外国語によるコミュニケーションの中で，どのような視点で物事を捉え，どのような考え方で思考していくのかという，物事を捉える視点や考え方であり，「<u>外国</u>

語で表現し伝え合うため，外国語やその背景にある文化を，社会や世界，他者との関わりに着目して捉え，コミュニケーションを行う目的や場面，状況等に応じて，情報を整理しながら考えなどを形成し，再構築すること」であると考えられる。

　「**見方**」は「外国語で表現し伝え合うため，外国語やその背景にある文化を，社会や世界，他者との関わりに着目して捉え」ることです。外国語活動や外国語科においては，外国語やその背景にある文化を扱います。そして，その外国語や文化が，社会や世界，他者との関わりの点からどのような働きをしているのかということに着目することが求められています。例えば，ある児童が I can baseball. と発話したとします。これを，「play という動詞が欠如しているな」とか「can の使い方が正しくないな」というように英語の正しさという点から見るのではなく，「自分の得意なことを伝えようとしているんだ」とか「野球をしようと誘っているのかな」というように，**社会や世界の中でどのような意味合いがあるのか，また他者との関わりの中でどのような働きを持っているのかということに着目して見る**ことが他の児童や教師に求められていると考えられます。

　「**考え方**」は「コミュニケーションを行う目的や場面，状況等に応じて，情報を整理しながら考えなどを形成し，再構築すること」です。ここで大事なのは「コミュニケーションを行う目的や場面，状況等に応じて」という部分です。コミュニケーションにおいては当然，伝える内容を考えたり，相手の言うことを理解したりといった認知活動が行われますが，外国語活動や外国語科においてはそれだけでは不十分であり，何のためにコミュニケーションするのか（目的），どこでコミュニケーションするのか（場面），どのような相手とどのような方法でコミュニケーションするのか（状況）といった情報を考える必要があることを示しています。特に場面や状況等に応じた言語使用には，社会言語学的能力が関係します（第3章③参照）。

　目的や場面，状況等に応じて考えるとはどういうことでしょうか。例えば，ただ単に好きなスポーツについてやり取りをする場合と，相手との共通点を探すために好きなスポーツについてやり取りをする場合では，伝える内容や

伝え方などに違いが出てきます。前者では，次のようなやり取りになるでしょう。

A：What sport do you like?
B：I like baseball. How about you?
A：I like swimming.
B：I see.

後者の目的であれば，A さんは，Me too. や I like baseball too.，または I don't like baseball. など野球が共通点になりうるか否かについて発話することが必要となります。また，共通点が見つかるまでやり取りを続ける必要性も出てきます。「コミュニケーションを行う目的や場面，状況等に応じて，何を伝えるか，どのように伝えるかということを考えるべきである」という「考え方」を児童が働かせることができるように指導することが重要です。

　目的や場面，状況等に応じてどう語句や表現を使い分けるか，個々の語句や表現をどのように組み合わせると目的を達成できるのかということなどを理解することで，**「深い学び」**につながります。また，目的や場面，状況等などが設定された言語活動の中で語句や表現を使用することで，素早く語句や表現を用いることができるようになります。これを**技能の自動化**と言います。語句や表現を用いる技能の自動化が進めば，より深く「思考力，判断力，表現力等」を働かせることができます。

④ 小中高の連携

　平成 20（2008）年の小学校学習指導要領が告示される前までは，「総合的な学習の時間」の中で国際理解の一環として英語活動が行われてきました。しかし英語活動の実施回数や指導内容は，学校，地域，学年や学級によって，大きく異なるものでした。そのため，中学校に入学してきた生徒たちには学習履歴に関係なくゼロから英語教育を行うということが多く見られました。これでは効果的に英語教育を行うことができません。そこで，平成 20

　（2008）年告示の小学校学習指導要領において，第5学年と第6学年において，外国語活動が必修として導入されました。すべての児童たちが外国語活動を履修してくることを受けて，中学校や高等学校の英語教育が変わらなくてはならなくなるはずでした。しかしながら，外国語活動は教科ではなかったため，小学校学習指導要領で示された目標や内容はあまり詳細ではありませんでした。また身につけることを目標とせず，慣れ親しむことが重要であるとされ，児童が語句や表現を覚えて使えるようになっていることを期待しないとされました。そのため，やはり中学校との接続がうまく行きませんでした。

　平成29（2017）年告示の小学校学習指導要領において，小学校では外国語科が教科として位置づけられました。また，同年告示の中学校学習指導要領と，平成30（2018）年告示の高等学校学習指導要領においては，小学校・中学校・高等学校で一貫した目標が設定されました。中学校と高等学校の外国語科の目標の前文を見てみましょう。

【中学校】
外国語によるコミュニケーションにおける見方・考え方を働かせ，外国語による聞くこと，読むこと，話すこと，書くことの言語活動を通して，簡単な情報や考えなどを理解したり表現したり伝え合ったりするコミュニケーションを図る資質・能力を次のとおり育成することを目指す。

【高等学校】
外国語によるコミュニケーションにおける見方・考え方を働かせ，外国語による聞くこと，読むこと，話すこと，書くことの言語活動及びこれらを結び付けた統合的な言語活動を通して，情報や考えなどを的確に理解したり適切に表現したり伝え合ったりするコミュニケーションを図る資質・能力を次のとおり育成することを目指す。

　第1に，児童・生徒によるコミュケーションを図る資質・能力を育成することは，小・中・高において共通しています。そして，次のような段階が設

定されています（下線筆者）。

【外国語活動】コミュニケーションを図る<u>素地</u>となる資質・能力
【外国語科】　コミュニケーションを図る<u>基礎</u>となる資質・能力
【中学校】　　<u>簡単な情報や考えなどを理解したり表現したり伝え合ったり</u>
　　　　　　　<u>する</u>コミュニケーションを図る資質・能力
【高等学校】　<u>情報や考えなどを的確に理解したり適切に表現したり伝え</u>
　　　　　　　<u>合ったりする</u>コミュニケーションを図る資質・能力

　第 2 に，「外国語によるコミュニケーションにおける見方・考え方」を働かせる点も共通しています。見方・考え方を働かせながら，「深い学び」の実現を図ります。

　第 3 に，「言語活動を通して資質・能力」を育成するという学習過程も共通しています。言語活動で扱う領域には違いがあり，「聞くこと，話すことの言語活動」（外国語活動）→「聞くこと，読むこと，話すこと，読むことの言語活動」（外国語科及び中学校）→「聞くこと，読むこと，話すこと，書くことの言語活動及びこれらを結びつけた統合的な言語活動」（高等学校）となっています。音声コミュニケーションから始まり，読むことや書くことを含めたコミュニケーションが加わり，最後には領域を統合したコミュニケーションを行うことが求められます（第 4 章参照）。

　連携とは，立場や役割の異なる者が同じ目的のもとに協力し合い，その目的を達成することであるといえます。学習指導要領で示されている外国語活動と外国語科の目標を適切に理解し，どのような資質・能力を育成するのかという目標に関して目線合わせを適切に行うことが，小中高の連携をより効果的なものとするために重要です。情報交換や一貫した学年ごとの目標（CAN-DO リスト）の設定が役立ちます。さらに，どの学校段階においても，見方・考え方を働かせて，「深い学び」の実現を図ったり，言語活動を通してコミュニケーションを図る資質・能力を育成したりすることによって，児童生徒のコミュニケーションを図る資質・能力を育成していくことが大切です。つまり，指導方法や学び方をつないでいくことが肝要です。

2 コミュニケーションを図る 資質・能力の基本の「き」

第2章のキーワード
▶3つの柱 ▶外国語活動の目標 ▶外国語科の目標 ▶領域別の目標

　平成19（2007）年に改正された学校教育法は，小学校教育の中で達成すべき目標として次のように述べています。

> （…前略…）生涯にわたり学習する基盤が培われるよう，基礎的な知識及び技能を習得させるとともに，これらを活用して課題を解決するために必要な思考力，判断力，表現力その他の能力をはぐくみ，主体的に学習に取り組む態度を養うことに，特に意を用いなければならない。（第30条第2項）

　この条項は，学校教育の中で指導するべき学力の3要素（①基礎的な知識・技能，②思考力・判断力・表現力等の能力，③主体的に学習に取り組む態度）を示したものです。平成29（2017）年に告示された小学校学習指導要領においても，この3要素に対応する3つの柱（「知識及び技能」「思考力，判断力，表現力等」「学びに向かう力，人間性等」）で育成するべき資質・能力が整理されています。本章では，外国語活動・外国語科で育成するべきコミュニケーションを図る資質・能力を解説します。さらに，小学校学習指導要領に示された領域別の目標について説明します。

① 外国語活動の目標

　外国語活動においては，コミュニケーションを図る素地となる資質・能力を育成することになっています（第1章参照）。この資質・能力として次の3点が挙げられています。それぞれ（1）「知識及び技能」，（2）「思考力，判

断力，表現力等」，(3)「学びに向かう力，人間性等」に対応します。

【外国語活動】
　(1) 外国語を通して，言語や文化について体験的に理解を深め，日本語と外国語との音声の違い等に気付くとともに，外国語の音声や基本的な表現に慣れ親しむようにする。
　(2) 身近で簡単な事柄について，外国語で聞いたり話したりして自分の考えや気持ちなどを伝え合う力の素地を養う。
　(3) 外国語を通して，言語やその背景にある文化に対する理解を深め，相手に配慮しながら，主体的に外国語を用いてコミュニケーションを図ろうとする態度を養う。

---

(1)「知識及び技能」に関わる資質・能力

　「**外国語を通して，言語や文化について体験的に理解を深め，日本語と外国語との音声の違い等に気付く**」ことと，「**外国語の音声や基本的な表現に慣れ親しむ**」ことが挙げられています。前者は「知識」に関するものであり，体験的な理解や「気づき」が大切にされています。例えば，日本語のブラックと英語の black の音の違いを明示的に指導するのではなく，聞かせたり話させてたりする中で自然に気づくようにすることが重要です（気づきについては 194 ページ参照）。後者は「技能」に関するものです。慣れ親しみというと，チャンツやゲームなどによる発音練習のことを思い浮かべる方も多いと思いますが，英語の音声や表現を「聞いたり」「話したり」することに慣れ親しむようにします（慣れ親しみについては第4章②参照）。

(2)「思考力，判断力，表現力等」に関わる資質・能力

　「**外国語で聞いたり話したりして自分の考えや気持ちなどを伝え合う力の素地**」が挙げられています。外国語活動においては，「コミュニケーションを行う目的や場面，状況などに応じて」と書かれていません。外国語を学び始めたばかりですので，まずは外国語を使ってコミュニケーションができることを目指します。ただ，コミュニケーションを行う中で，外国語を聞き，

郵便はがき

料金受取人払郵便

本郷局承認

5896

差出有効期間
2025年2月28日
まで

113-8790

東京都文京区湯島2-1-1

大修館書店 販売部 行

‖‖‧‖‧‖‧‖‧‖‧‖‧‖‖‧‧‧‖‧‖‧‖‧‖‧‖‧‖‧‖‧‖‧‖‧‖‧‖‧‖‧‖‧‖‧‖‧‖‧‖‧‖‖

■ご住所

	都道府県		市区郡

■年齢

歳

■性別

男
女

■ご職業（数字に○を付けてください）

1 会社員　　2 公務員　　3 自営業

4 小学校教員　　5 中学校教員　　6 高校教員　　7 大学教員

8 その他の教員（　　　　　　　　　　）

9 小学生・中学生　　10 高校生　　11 大学生　　12 大学院生

13 その他（　　　　　　　　　　）

4664　小学校の外国語活動・外国語科　基本の「き」

愛読者カード

* **本書をお買い上げいただきまして誠にありがとうございました。**

(1) 本書をお求めになった動機は何ですか？

　① 書店で見て（店名：　　　　　　　　　　　　　　　　　）

　② 新聞広告を見て（紙名：　　　　　　　　　　　　　　　）

　③ 雑誌広告を見て（誌名：　　　　　　　　　　　　　　　）

　④ 雑誌・新聞の記事を見て　　　　⑤ 知人にすすめられて

　⑥ その他（　　　　　　　　　　　　　　　　　　　　　）

(2) 本書をお読みになった感想をお書きください。

(3) 当社にご要望などがありましたらご自由にお書きください。

◎ ご記入いただいた感想等は、匿名で書籍のPR等に使用させていただくことがございます。

その意味内容を「考えて」，どのように応答すればよいかを「判断し」，考えたことを行動や言語で「表現する」ことになりますので，「思考力，判断力，表現力等」の素地を養っていると言えます。

(3)「学びに向かう力，人間性等」に関する資質・能力

「相手に配慮しながら，主体的に外国語を用いてコミュニケーションを図ろうとする態度」が挙げられています。外国語活動においては，目の前にいる先生や友だちとコミュニケーションを行うことが基本となりますので，目の前にいる「相手」に配慮することが求められます。「主体的に外国語を用いてコミュニケーションを図ろうとする態度」が「学びに向かう力，人間性等」であるとしていることから，外国語活動における「学び」とはコミュニケーションを行うことであると考えるとよいでしょう。外国語活動の目標の前文（130ページ）で，「言語活動（すなわち，コミュニケーションを行うこと）を通して」資質・能力を育成することを目指すとしている点と対応しています。

② 外国語科の目標

外国語科においては，コミュニケーションを図る基礎となる資質・能力を育成することになっています（130ページ）。次に示すのが，3つの柱で整理された資質・能力です。

【外国語科】
(1) 外国語の音声や文字，語彙，表現，文構造，言語の働きなどについて，日本語と外国語との違いに気付き，これらの知識を理解するとともに，読むこと，書くことに慣れ親しみ，聞くこと，読むこと，話すこと，書くことによる実際のコミュニケーションにおいて活用できる基礎的な技能を身に付けるようにする。
(2) コミュニケーションを行う目的や場面，状況などに応じて，身近で簡単な事柄について，聞いたり話したりするとともに，音声で十分に慣れ親しんだ外国語の語彙や基本的な表現を推測しながら読んだり，語順を意識しなが

ら書いたりして，自分の考えや気持ちなどを伝え合うことができる基礎的な
力を養う。
　（3）外国語の背景にある文化に対する理解を深め，他者に配慮しながら，主
体的に外国語を用いてコミュニケーションを図ろうとする態度を養う。

（1）「知識及び技能」に関する資質・能力

　「知識」に関しては**「気づき」**から**「理解すること」**という学びの順序が
示されています。「気づき」を促進させるためには，何度も繰り返し語句や
表現に触れることが重要です（194-195 ページ参照）。

　なお，外国語では「外国語の音声や文字，語彙，表現，文構造，言語の働
き」が扱われます。ここでは「文構造」と書かれていますが，中学校では文
構造ではなく文法となっています。この違いについて説明します。

　例えば，How are you? と聞かれた際に，自分の気持ちを伝えるために，I
am happy. や I am hungry. などという表現を用いて話したとします。外国語
で扱う文構造の 1 つとして，「主語＋ be 動詞＋ { 名詞，代名詞，形容詞 }」
がありますが，I am happy. や I am hungry. はこの文構造を持っている表現
です。また，I am という表現と，happy や hungry という語から組み合わ
されることに気づき，語句の入れ替えができる児童は，表現の文構造に気づ
いているということができます。しかし，「主語＋ be 動詞＋形容詞」におけ
る be 動詞に関わる規則を理解しているわけではないので，I am happy. とは
言える児童が，Am I happy? という疑問文を作れるとは限りません。

　一方，中学校では，文法を扱い，規則に基づいて文の意味を理解したり，
文を作ったりできるようにします。例えば，be 動詞の疑問文の作り方の規
則を用いて，Am I happy? と言えたり，主語が he や she などの三人称単数
の場合には，is という be 動詞を用いて，He/She is happy/hungry. という文
を作ったり，時制を変えて I was happy/hungry. と表現したりすることがで
きるのです。

　次に「技能」に関しては，**「慣れ親しみ」**の段階を経てから**「実際のコ
ミュニケーションにおいて活用できる技能を身に付ける」**ようにすること

示されています。読むことと書くことについては，外国語からスタートするので，慣れ親しむことから始めるようにします。

(2)「思考力，判断力，表現力等」に関する資質・能力

　「コミュニケーションを行う目的や場面，状況などに応じて」言語使用することが挙げられています。つまり，目的や場面，状況等に応じて，英語を聞いて情報を精査し整理したり，伝える内容を考え選んだり，どの順番で伝えるかを決めたり，伝え方を工夫したりして話す力，英語を読んで内容を推測しながら書かれた英語を理解する力，自分の伝えたいことがその語順で伝えられているかを考えながら書く力を育成していきます。

(3)「学びに向かう力，人間性等」に関する資質・能力

　外国語活動と違う点が1つあります。外国語では，目の前の相手だけではなく，小学校の他の先生方（校長先生や別のクラスの先生など）や身近な人たち（家族や友だち，ALTの家族や友だちなど）とコミュニケーションしていきます。そのため，「他者」という言い方になっています。

③ 領域別の目標

　外国語活動と外国語科の目標だけでなく，小学校学習指導要領には領域別の目標が示されており，「～するようにする」もしくは「～できるようにする」といった指導目標となっています。「～するようにする」と書かれた項目は，**指導が行われたりモデルが提示されたりした上で言語活動をできる**ようにします。一方，「～できるようにする」と書かれた項目は，**指導やモデルがなくても自分の力で言語活動ができる**ようにします（155-158ページ参照）。

　領域に共通する点として，外国語活動では，自分のことや身の回りの物，身近で簡単な事柄を扱います。外国語科では，それに加えて，日常生活に関する身近で簡単な事柄を扱います。なお社会的な話題は，中学校で扱う内容

になります。

1. 聞くこと

「聞くこと」の目標は次に示す通りです。

【外国語活動】

ア ゆっくりはっきりと話された際に，自分のことや身の回りの物を表す簡単な語句を聞き取るようにする。

イ ゆっくりはっきりと話された際に，身近で簡単な事柄に関する基本的な表現の意味が分かるようにする。

ウ 文字の読み方が発音されるのを聞いた際に，どの文字であるかが分かるようにする。

【外国語科】

ア ゆっくりはっきりと話されれば，自分のことや身近で簡単な事柄について，簡単な語句や基本的な表現を聞き取ることができるようにする。

イ ゆっくりはっきりと話されれば，日常生活に関する身近で簡単な事柄について，具体的な情報を聞き取ることができるようにする。

ウ ゆっくりはっきりと話されれば，日常生活に関する身近で簡単な事柄について，短い話の概要を捉えることができるようにする。

　外国語活動と外国語科で共通する事項としては，「ゆっくりはっきりと」話されたら，と書かれていることです。つまり，はじめは聞き取れない英語であっても，ゆっくりはっきり話された時に理解できればよいということになります。音声のスピードを調整できない場合には，繰り返し聞かせたり，音声教材を使用している場合には，途中で止めたり，先生が繰り返したりするとよいでしょう。

　外国語活動の「文字の読み方」については，英語の文字の読み方（Sの場合はエス /es/，Kの場合にはケイ /kei/）が発音されるのを聞いて，それぞれの文字を特定することを指導します。読むことと書くことは，外国語科で指導することになりますが，その前の外国語活動から英語の文字に触れていくことになります。

外国語科においては，コミュニケーションを行う目的や場面，状況等に応じて，「具体的な情報」を聞き取ったり，「概要」を捉えたりする力を育てます。例えば，自分と共通点があるかどうかを知るという目的を持って ALT の自己紹介を聞く活動の場合，I am from Canada. I like swimming. I like skiing too. という英語を聞いて，「スキーが好きという点は自分と共通するな」と具体的な情報を聞き取ることができるようにします。

2. 読むこと

「読むこと」は外国語科からの指導内容になります。

【外国語科】
ア　活字体で書かれた文字を識別し，その読み方を発音することができるようにする。
イ　音声で十分に慣れ親しんだ簡単な語句や基本的な表現の意味が分かるようにする。

文字を読むことに関する目標アについては，S や K という文字を見て，エス /es/ やケイ /kei/ と発音できるようにします。文末が「〜できる」となっていますので，自分の力でできるようにします。また，この目標は，「知識及び技能」が中心となる目標であると考えられますが，できるだけコミュニケーションを行う目的や場面，状況等が設定された言語活動の中で，誰かに伝えるために書かれた文字の読み方を発音させたいものです。

目標イについては，「分かるようにする」，すなわち「〜するようにする」となっていますので，慣れ親しみの目標となっています。すなわち，児童は綴り等を覚えている必要はなく，その授業や単元の中で語句や表現の音声と書かれた語句や表現の結びつきについて指導があった上で，意味がわかるようにすればよいとされています（155-158 ページ参照）。

3. 話すこと［やり取り］

「話すこと［やり取り］」の目標は次に示す通りです。

【外国語活動】
ア　基本的な表現を用いて挨拶，感謝，簡単な指示をしたり，それらに応じたりするようにする。
イ　自分のことや身の回りの物について，動作を交えながら，自分の考えや気持ちなどを，簡単な語句や基本的な表現を用いて伝え合うようにする。
ウ　サポートを受けて，自分や相手のこと及び身の回りの物に関する事柄について，簡単な語句や基本的な表現を用いて質問をしたり質問に答えたりするようにする。

【外国語科】
ア　基本的な表現を用いて指示，依頼をしたり，それらに応じたりすることができるようにする。
イ　日常生活に関する身近で簡単な事柄について，自分の考えや気持ちなどを，簡単な語句や基本的な表現を用いて伝え合うことができるようにする。
ウ　自分や相手のこと及び身の回りの物に関する事柄について，簡単な語句や基本的な表現を用いてその場で質問をしたり質問に答えたりして，伝え合うことができるようにする。

　外国語活動と外国語科の目標アにおいて，挨拶，感謝，簡単な指示，依頼をしたり，それらに応じたりすることができるようにすると書かれています。児童同士が関わる活動においてはあいさつ（Hello.）で始まり，感謝（Thank you.）で終わるようにしたり，先生自身も授業の活動の中でできるだけ英語で指示や依頼をして児童に応答させるようにしたりすることで，目標アの力を育成する機会が増えます。

　外国語活動におけるやり取りは，先生対児童のやり取りから児童同士のやり取りに発展していくと考えるとよいと思います。外国語活動の目標ウに「サポートを受けて」とありますので，先生の支援を受けながら，先生と児童がやり取りすることから始めるとよいと思います。また，児童同士のやり取りも，スムーズにやり取りするだけではなく，必要に応じて互いに助け合

うことがあってもよいということになります。

　外国語科の目標イとウの違いがわかりづらいかもしれません。目標イは次に示すように自分のことを伝え合うやり取りが想定されており，一方，目標ウは質問をしたり質問に答えたりするやり取りです。

外国語科の目標イの例
　　A：I like math. It's fun.
　　B：Nice. I like English.
　　A：Good.

外国語科の目標ウの例
　　A：What subject do you like?
　　B：I like math.
　　A：Why?
　　B：It's fun.

　実際のやり取りでは，両方が混在して進むのが通常です。また，目標ウに，「その場で」と書かれているのは，相手が What subject do you like? と尋ねるか Do you like math? と尋ねるかわからない中で，相手の質問を聞き，何を答えればよいかを判断し，回答することが期待されているということです。また，相手の発言に基づいて何を尋ねたらよいかを考え，質問することも含みます。

4. 話すこと［発表］

　「話すこと［発表］」の目標は次の通りです。

【外国語活動】
　ア　身の回りの物について，人前で実物などを見せながら，簡単な語句や基本的な表現を用いて話すようにする。
　イ　自分のことについて，人前で実物などを見せながら，簡単な語句や基本

的な表現を用いて話すようにする。

ウ　日常生活に関する身近で簡単な事柄について，人前で実物などを見せながら，自分の考えや気持ちなどを，簡単な語句や基本的な表現を用いて話すようにする。

【外国語科】

ア　日常生活に関する身近で簡単な事柄について，簡単な語句や基本的な表現を用いて話すことができるようにする。

イ　自分のことについて，伝えようとする内容を整理した上で，簡単な語句や基本的な表現を用いて話すことができるようにする。

ウ　身近で簡単な事柄について，伝えようとする内容を整理した上で，自分の考えや気持ちなどを，簡単な語句や基本的な表現を用いて話すことができるようにする。

外国語活動の目標において，「人前で実物などを見せながら」と書かれている点について，『小学校学習指導要領（平成 29 年告示）解説外国語活動・外国語編』（文部科学省，2018）によれば，実物の提示には 2 つの利点があるとされています。

1 つ目は，話し手にとっての利点です。実物があることによって，自分が伝えようとした内容を想起しやすくなります。

2 つ目は，聞き手にとっての利点です。友だちの発表を聞いて，英語を聞いただけでは理解しづらくても，実物などがあれば内容を推測しやすくなります。話し手としては自分の話しやすさという点から実物などを選ぶように指導したり，聞き手としては実物などを見て内容を推測して聞くことを意識させたりするとよいでしょう。

外国語科の目標イとウで，「伝えようとする内容を整理した上で」とあるのは，「思考力，判断力，表現力等」の点から重要です。例えば，夏休みの思い出を伝える際には，行った場所（I went to Hokkaido.）だけでは不十分で，したこと（I ate meat.）や感想（It was delicious.）を付け加えたほうがよいというように，どのような内容で伝えたらよいのかを考えさせます（176 ページ参照）。また，順番についても，例えば，「したこと（I ate meat.）＋感想（It was delicious.）＋行った場所（I went to Hokkaido.）」

という順番ではなく,「行った場所＋したこと＋感想」の方がまとまりがあることを意識させます。

5. 書くこと

「書くこと」の目標は外国語科のみです。

> ア　大文字,小文字を活字体で書くことができるようにする。また,語順を意識しながら音声で十分に慣れ親しんだ簡単な語句や基本的な表現を書き写すことができるようにする。
>
> イ　自分のことや身近で簡単な事柄について,例文を参考に,音声で十分に慣れ親しんだ簡単な語句や基本的な表現を用いて書くことができるようにする。

大文字及び小文字については,自分の力で書けるようにすることが求められています。4線上に正しく書けるようになるには,十分な時間が必要です。書く活動を日常的に取り入れて時間をかけて指導しましょう。

目標アの後半部分「簡単な語句や基本的な表現を書き写すことができるようにする」とイ「例文を参考に(略)書くことができる」を見ると,「〜することができる」とありますが,語句や表現を何も見ないで書けるようにする必要はありません。つまり,単語の綴りを覚えさせる必要はありません。

3 コミュニケーション能力の基本の「き」

第3章のキーワード
▶コミュニケーションの定義 ▶コミュニケーション能力の構成要素

　外国語活動・外国語科の目標は，コミュニケーションを図る素地や基礎となる資質・能力を育てることです。第4章では，小学校学習指導要領に基づいて3つの柱から成る資質・能力と領域別の目標を説明しました。本章では，コミュニケーションの定義とコミュニケーション能力の構成要素に焦点をあてて理論的な説明を行います。

① コミュニケーションとは

　コミュニケーションの定義や説明には，さまざまなものが提案されていますが，ここでは最も簡略な説明を紹介します。『ロングマン応用言語学用語辞典』（Richards, Platt, & Weber, 1985）では「コミュニケーション」は次のように定義されています。

> 二人以上の間で考えや情報などをやり取りすること。コミュニケーションの行為では，通常，少なくとも一人の話し手または送信者（sender）と伝達されるメッセージ（MESSAGE）とそのメッセージが向けられる相手（受信者 receiver）が関与する。

　しかし実際には，メッセージの授受は次のような障害があるため，そう簡単には行われません。

(1) **物理的なノイズ**：騒音などの物理的なノイズがあるとコミュニケーションが妨げられます。

(2) **心理的なノイズ**：受信者が考えごとをしているなど，心理的なノイズによってコミュニケーションはうまくいかないことがあります。

(3) **送信者・受信者の言語能力**：メッセージは，送信者によって言語化されます。また，受信者によって解読されます。送信者・受信者の言語能力によっては，意図されたメッセージが意図通り伝わらないことが生じます。

(4) **非言語的情報**：メッセージは，常に言語的に表現されるとは限りません。言語化されたメッセージと共に，表情，声の調子，立ち位置などによっても，ある種の情報が表現されます。伝えたつもりの情報が伝わっていなかったり，逆に伝えるつもりでない情報が伝わってしまったりします。

(5) **異なる背景文化**：異文化間コミュニケーションにおいては，送信者と受信者の文化が異なるため，メッセージの授受が意図通りでないことも頻繁に生じます。

つまりコミュニケーションには誤解や不理解がつきものであると考えるべきでしょう。この誤解や不理解を解消するために，送信者も受信者も互いに努力するのがコミュニケーションであるとも言えます。

② コミュニケーションと言語

通常のコミュニケーションでは，重要な情報は省略されませんが，重要でない情報は省略される傾向があります。例えば，What color do you like? という疑問文と，I like yellow. という応答文を指導した後で，好きな色を相手に告げ，相手からその色のカードをもらうという活動を行うとします。次のようなやり取りを想定します。

A： Hello.
B： Hello.

```
A： What color do you like?
B： I like yellow.（黄色いカードを受け取る）
   Thank you. See you.
A： See you.
```

　この活動を進めていくと，次のように What color do you like? や I like という英語が省略されてしまうことがあります。

```
A： Hello.
B： Hello. Yellow.（黄色いカードを受け取る）
   Thank you. See you.
A： See you.
```

　このようなやり取りを見て，先生は「きちんと What color do you like? と質問しなさい」とか「I like 〜 . というように長く答えなさい」と指導することになります。

　しかしこの現象は，コミュニケーションの点から考えると当然のことです。一番重要な情報（メッセージ）は，Yellow. です。送信者は Yellow. を相手に伝えないと，黄色いカードを受け取ることができません。また，受信者は Yellow. を理解しないと，黄色いカードを渡すことができません。したがって，Yellow. が省略されることはめったにありません。

　一方，What color do you like? は，誰もが聞くことになっている質問です。「何色が好きですか」という意味は，すでにわかっています。What color do you have? というように間違った質問をしても，I like yellow. と答えるでしょう。また，What sports do you like? と聞かれても，I like yellow. と答えてしまうかもしれません。色についてやり取りをするとわかっていますので，質問の意味を理解する必要がありません。コミュニケーション上，重要でない要素は省略されていきますので，質問文は言わなくなるし，理解しようとしなくなるというわけです。同様に，I like の部分も省略されていきます。

　外国語活動や外国語科では，英語によるコミュニケーションを体験させるために，さまざまな活動を行います。その際に，メッセージを送信する人がいるか，メッセージを受け取る人はいるか，またメッセージは授受されているかを確認するとよいと思います。また，コミュニケーション上，重要でない情報を，英語で言わせる活動になっていないかについても検討しましょう（言語活動については第4章①を参照してください）。

③ コミュニケーション能力の構成要素

　ここでは，1980年代に提案されたマイケル・カナーリ（Michael Canale）とメリル・スウェイン（Merrill Swain）によって提案されたコミュニケーション能力のモデルを紹介します。このモデルは，日本の英語教育に多大な影響を与えました。中学校学習指導要領（外国語科）に，彼らのモデルの考え方を垣間見ることができます。

　彼らによれば，コミュニケーション能力は，文法能力，談話能力，社会言語学的能力，方略能力の4種類から成るとされています。

(1) **文法能力（grammatical competence）**：一文レベルの英語を表出したり，理解したりする力です。単語，発音，綴り，語形変化，文文法（sentential grammar）の知識・技能を含みます。

(2) **談話能力（discourse competence）**：文と文を関係づけながら表出したり，理解したりする力です。内容的な一貫性に関する知識・技能と，言語的なつながりに関する知識・技能を含みます。例えば，内容的な一貫性に関する知識・技能によって，It rained yesterday. I did not go out. という英語を聞いた時，最初の文が外出しなかった理由を示していると理解することができます。また，言語的なつながりに関する知識・技能によって，Mike likes baseball. He plays it every day. という2つの文が，代名詞の使用によって関係づけられていることを理解します。言語的なつながりには，代名詞の使用，接続表現の使用，省略，関連する語彙の使用などが

関係します。

(3) **社会言語学的能力**（sociolinguistic competence）：場面や相手に応じて英語を使い分けることのできる力です。例えば，相手に応じて，丁寧な表現を使ったり，くだけた言い方をしたりする時，社会言語学的能力を使っていると考えられます。

(4) **方略能力**（strategic competence）：表現が思い浮かばずにコミュニケーションがうまくいかなかった時に，その困難を切り抜ける力です。話題を変える（回避），相手にその表現を聞く（援助要請）などの方略があります。

このコミュニケーション能力のモデルを紹介したのは，外国語活動や外国語科で指導するべき知識・技能は，文法能力に関わることだけでないということを理解してもらうためです。

例えば，中学校生活の夢を語っている次の英文を見てください。

Hello, everyone. I'm Mark. I want to join the badminton team. I like badminton very much.

I'm good at badminton. I want to be a badminton player. So I practice badminton every day. Thank you.　　　　（*We Can! 2*, Unit 8, Let's Listen）

バドミントン部に入りたいと言って，I like badminton very much. と理由を示しています。さらに，「（今でも）バドミントンが上手だけれども，選手になりたいから」という理由で，毎日練習していることを述べており，つながりのある内容となっています。また，badminton という語が繰り返されたり，player（選手）や practice（練習する）という badminton に関連した語が用いられたりして，複数の文が言語的にもつながりを持っています。このようなつながりを理解させるためには，談話能力を育成する必要があります。

場面に考慮しながら，適切な表現（例：レストランの場面での What

would you like?）を理解したり使ったりさせる時には，児童の社会言語学的能力を指導していることになります。

　また，ジェスチャーを使って言いたいことを表現する経験をさせることがありますが，これは方略能力を指導することにつながります。

　外国語活動・外国語科の目標は，コミュニケーションを図る素地や基礎となる資質・能力を養うこととされています。英語によるコミュニケーション能力として，文法能力だけでなく，談話能力，社会言語学的能力，方略能力など，さまざまな知識や技能を扱っていることに留意しましょう。

4 言語活動の基本の「き」

　第1章において，外国語活動と外国語科の目標の中で，「言語活動を通して」コミュニケーションを図る資質・能力を育成することとされていることを説明しました。本章では，言語活動とは何か，また言語活動を通した指導とはどのようなものなのかについて解説します。

① 言語活動とは

　外国語活動においては「聞くこと」と「話すこと」の言語活動を行い，外国語科においては「聞くこと」，「読むこと」，「話すこと」，「書くこと」の言語活動を行います。それでは，言語活動とはどのようなものでしょうか。

1. 言語活動と，言語材料の理解・練習

　平成29（2017）年告示の小学校学習指導要領では，言語活動の定義に関して次のように書かれています。

【指導計画の作成上の配慮事項ウ】
実際に英語を使用して互いの考えや気持ちを伝え合うなどの言語活動を行う際は，2の（1）に示す言語材料について理解したり練習したりするための指導を必要に応じて行うこと。また，第3学年及び第4学年において第4章外国語活動を履修する際に扱った簡単な語句や基本的な表現などの学習内容を繰り返し指導し定着を図ること。

　言語活動とは「実際に英語を使用して互いの考えや気持ちを伝え合う」活動のことであり，**言語材料について理解したり練習したりするための指導とは異なる**ものであるとされています。これは中学校や高等学校の学習指導要領においても同様で，これを「言語活動の再定義」と呼ぶ人もいます。中学校や高等学校の学習指導要領においては，50 年ほど前の改訂時から，学習活動ではなく言語活動を通して指導することとされていました（中学校：昭和 44（1969）年，高等学校：昭和 45（1970）年）。しかしながら，言語活動の例の中にはコミュニケーションではない学習活動が示されていたり，その後，言語活動の中には言語材料を理解したり練習したりする活動を含める説明がなされたりしました。今回の改訂では，小学校だけではなく，中学校や高等学校においても，**言語活動と，言語材料についての理解や練習を，明確に分けた**ことになります。

　言語活動には，「話すこと」や「書くこと」だけでなく，「聞くこと」や「読むこと」も含まれます。例えば，ALT の自己紹介を聞いて，ALT についての情報を得ることも「聞くこと」の言語活動とみなせます。また，小学校学習指導要領では「考えや気持ち」を伝え合うとありますが，広く事実などの情報を含めてもよいでしょう。そう考えると，146 ページでコミュニケーションの定義を解説しましたが，**言語活動とは，メッセージの送り手と受け手の間でメッセージの授受を行うこと，すなわちコミュニケーションを行うこと**であると言えます。

　一方，**言語材料を理解したり練習したりする指導**は「必要に応じて行うこと」とされ，**適切な指導のタイミングを考える**ことが求められています。例えば，チャンツは言語活動ではなく，語句や表現を練習する活動であると考えられます。なぜ練習するのかと言えば，言語活動で使えるようにするためですので，言語活動と関連づけて授業で扱う必要があるということになります。また，外国語科においては特に自分の力で語句や表現を使えるようになることが求められていますので，チャンツで練習してから言語活動を行うという指導を常に行っていては不適切かもしれません。言語活動を実施した後で，必要に応じてチャンツで行うということも考えられます。

4

言語活動の基本の「き」

2. 言語活動と，3 つの資質・能力と，「目的や場面，状況」

　小学校学習指導要領には言語活動及び言語の働きに関する事項において，「思考力，判断力，表現力等」については「英語の特徴やきまりに関する事項」（「知識及び技能」のこと）を活用して言語活動を通して指導すると書かれています。つまり，言語活動は，「知識及び技能」が活用される場であり，同時に「思考力，判断力，表現力等」が働く場でもあります。「思考力，判断力，表現力等」を働かせるためには，コミュニケーションを行う目的や場面，状況等が設定される必要があります（第 2 章①と②参照）。また，言語活動に取り組むには，コミュニケーションしたいという「学びに向かう力，人間性等」の資質・能力も必要です。

　次の図は，言語活動と 3 つの柱の資質・能力の関係をイメージしたものです。「知識及び技能」と「思考力，判断力，表現力等」は両輪で，どちらも大切です。言語活動という場の中で，両者が連動して**「深い学び」**が実現します。また，「学びに向かう力，人間性等」は動力であると考えられます。3 つの柱の資質・能力が活用されたり働いたりするために，言語活動にはコミュケーションを行う目的や場面，状況等の設定が重要となります。

学びに向かう力，人間性等

知識及び技能

思考力，
判断力，
表現力等

深い学び

言語活動

「コミュニケーションを行う目的や場面，状況」が設定されていること

以下に，言語活動とはどのようなものなのかをまとめます。

- 互いの考えや気持ちなどを伝え合うなどのコミュニケーション活動であること。
- 言語活動には，「聞くこと」，「読むこと」，「話すこと」，「書くこと」の領域が関係すること。
- コミュニケーションを行う目的や場面，状況等が設定されていること。
- 「知識及び技能」が活用されていること。
- 「思考力，判断力，表現力等」が働いていること。
- 「知識及び技能」と「思考力，判断力，表現力等」が関連付いて，「深い学び」が実現していること。
- 児童に言語活動に取り組もうとする態度があること（「学びに向かう力，人間性等」が働くこと）。

4

言語活動の基本の「き」

② 言語活動を通した指導—慣れ親しみと技能を身につけること

　言語活動を通した指導はどのようにしたらよいでしょうか。その際，「慣れ親しみ」と「技能を身につけること」の違いを理解することが重要です。『小学校外国語活動・外国語研修ガイドブック』（文部科学省, 2017, pp. 160-161）では，外国語活動と外国語科の連携に関して次のように説明されています。

　また，外国語活動と外国語科の連携を考える際に，「慣れ親しみ」と「技能の習得」の違いを意識する必要がある。「聞くこと」，「話すこと［やり取り］」「話すこと［発表］」において，外国語活動で十分慣れ親しんでから，外国語科で基礎的な技能を身に付けるようにすることが求められている。「慣れ親しみ」は，単元に設定されている様々な活動の中で，その単元で使用するように設定されている語彙や表現を聞いたり話したりしている児童の行動として捉えることができる。一方，その語彙や表現を異なる場面でも使用できる状

態を，技能を身に付けている姿，すなわち習得している状態と考えることができる。

　外国語活動と外国語科の両方で扱うことの多い道案内の単元を取り上げましょう。この単元でメインとなる言語活動（道案内）を行うために必要な語句（例：station や convenience store などの場所の名前）や表現（例：go straight, turn right/left など）の指導について，外国語活動の場合には，(1) 単元が始まった段階で語句や表現の意味と音声のつながりを導入する，(2) 語句や表現を聞いたり話したりする練習を行う，(3) 語句や表現を使って道案内をする，という展開になります。(3) の段階で，道案内ができていれば，語句や表現を使うことに「慣れ親しんでいる」と捉えることができます。(1) や (2) の指導が必ず行われた上で，道案内ができるようにします。前の単元で語句や表現を学んでいることを前提としないこと，また単元終了後，語句や表現を覚えていることを期待しないことがポイントとなります。

　一方，技能を身につけるためにはどのような指導が必要でしょうか。料理にたとえて説明してみましょう。慣れ親しみとは，何かしらの支援を伴いますので，料理で言えば，料理のできる人と一緒に料理を行い，何をすればよいのか指示を受けながら作業をしたり，レシピを見ながら料理したりすることであると言えます。これが，1人で料理することができるようになった時に，「技能を身につけている」状態（すなわち，技能を習得している状態）になっていると考えられます。

　それでは，どうすれば，1人で料理することができるようになるでしょうか。誰かと一緒に料理することを繰り返しても，また同じ料理を作るのにいつもレシピを確認していても，本当に自分の力で料理できるかどうかわかりません。時には1人で自力で料理をしてみることが大切です。そしてうまく行かなかった時に，料理の得意な人に尋ねたり，レシピを確認したりして，再度チャレンジするということを繰り返しながら，徐々に1人で料理をすることができるようになっていきます。

　外国語を学ぶ過程も同様だと思います。いつも支援（モデルや練習など）

があった状態で言語活動をしていても，自分の力でできるようになったのか
はわかりません。時には，不安ながらも自分の力で言語活動を行い，必要に
応じて言語材料について再度理解したり練習したりする指導を受けながら，
言語活動に再チャレンジしていくことが鍵となります。

　整理すると，「慣れ親しみ」の指導手順は，**言語材料の導入**
（Presentation）⇒ **練習**（Practice）⇒ **コミュニケーション**（表出，
Production）であり，外国語教授法では **PPP**（Presentation-Practice-
Production）と呼ばれています。外国語活動では，単元の中でメインとなる
言語活動に向けて，(1) 語句や表現の意味や音声を理解する活動を行ったり，
どのようなやり取りをしたらよいかというモデルを見たりする，(2) チャン
ツや歌，ゲームなどを通して練習をする，(3) 言語活動を行う，という指導
手順が基本となります。(2) の練習の段階のことを慣れ親しみと呼ぶ人がい
ますが，もう少し広く，(1) から (3) までの流れの中で言語活動ができて
いる状況が慣れ親しんでいる状況であると捉えるとよいでしょう。

　一方，「技能を身につける」手順は，(1) **言語活動を自分の力でやってみ
る**，(2) **必要に応じて学ぶ**，(3) **類似の言語活動を繰り返す**という流れにな
ります。私はこの手順を「**Do—Learn—Do Again**」と呼んでいます。外
国語科においては，言語活動を繰り返しながら習熟していくことができるよ
うな単元や授業を構想する必要があります。例えば，道案内の場合，①駅か
らある場所までを道案内する，②ある場所から別の場所まで道案内する，③
ある場所から駅まで案内するというように類似の言語活動を繰り返したり，
先生に対して道案内をしたり，ペアの相手を変えて道案内をしたりして，何
度もチャレンジする機会を設けるようにします。

　185-186 ページで紹介するオーディオ・リンガル・メソッドは，PPP の手
順に沿った外国語教授法の１つです。ただし，オーディオ・リンガル・メ
ソッドは，創造的なコミュニケーション能力の育成という点から限界があり
ます。そのため，「慣れ親しみ」の段階にとどまるのではなく，言語活動を
繰り返しながら必要に応じて言語材料について理解したり練習したりするた
めの指導を行うようにした方がよいと考えます。

4

言語活動の基本の「き」

　単元計画も,「身につけること」の指導手順（Do―Learn―Do Again）を意識して作成しましょう。単元始めの授業から言語活動を繰り返し,必要に応じて言語材料を理解したり練習したりするための指導を行い,単元末のメインとなる言語活動に向けて,児童の力を高めていくようにします。

　「慣れ親しみ」と「技能を身につける」の指導手順をまとめると次のようになります。

「慣れ親しみ」の指導手順	「身につけること」の指導手順
PPP	Do―Learn―Do Again
(1) 言語材料を理解する活動 (2) 言語材料を聞いたり言ったりする練習 (3) 言語活動	(1) 言語活動 (2) 学ぶ活動 (3) 言語活動 (1)～(3)を繰り返す

5 学年ごとの目標 (CAN-DO リスト) の基本の「き」

第 5 章のキーワード
▶学年ごとの目標を見直す 5 つのポイント
▶年間指導計画・評価計画　▶目標・指導・評価の一体化

　小学校学習指導要領では，外国語活動と外国語に関して，学年ごとの目標や内容が示されていません。代わりに，各学校において「学年ごとの目標を適切に定め，2 学年間を通じて外国語活動（もしくは外国語科）の目標の実現を図るようにすること」と書かれています。この「学年ごとの目標」は，**「CAN-DO リスト形式の学習到達目標」**と呼ばれています（単に「CAN-DO リスト」と呼ばれることもあります）。本章では，学年ごとの目標の立て方について説明します。

① 学年ごとの目標とは

　学年ごとの目標は，小学校学習指導要領で示されている領域別の目標（139-145 ページ参照）を参考にして設定します。次に示すのは，「話すこと［やり取り］」の学年ごとの目標の例です。

【第 6 学年】
日常生活に関する事柄について，その場で質問をしたり質問に答えたりしてやり取りを継続することができる。
【第 5 学年】
自分や相手のこと及び身の回りの物に関する事柄について，その場で質問をしたり質問に答えたりすることができる。

【第4学年】
サポートを受けて，自分や相手のこと及び身の回りの物に関する事柄について質問をしたり質問に答えたりする。
【第3学年】
挨拶，感謝，簡単な指示をしたり，それらに応じたりする。

　領域別の目標（142-143ページ）と比較してみてください。まず気づくのは，「話すこと［やり取り］」に関する領域別の目標は2つから3つの項目が挙げられているのに対して，学年ごとの目標は1つであることです。学年ごとの目標を複数設定しても構わないのですが，その学年において指導すべきことが多くなり教師にとっても児童にとっても負担になります。また，評価をする際にも，どのような姿を期待するのかがあいまいになってしまいます。できるだけ目標の数は少なくするとよいと思います。

　そして，中学年と高学年の表現が変わっています。外国語活動においては，身につけること（技能の習得，すなわち定着）を目指すのではなく，慣れ親しみを目指します（155-158ページ参照）。そのため，「～できる」という言い方ではなく，「～する」という表現にしています。ただし慣れ親しむこと（すなわち，指導を受けた上で言語活動を行うこと）が意識されているのであれば「～できる」という言い方でも構わないと思います。

　高学年の中でも，第5学年と第6学年の文言が違います。「その場で質問したり質問に答えたりすることができる」と「やり取りを継続することができる」となっています。この文言の違いは，各学年で指導すべき内容の違いを表します。学年ごとの目標が異なる学年間で同じにならないようにしましょう（163ページ参照）。

② 学年ごとの目標の活用方法

　学年ごとの目標はなぜ重要なのでしょうか。指導要録のための評価（記録に残す評価）は，目標に準拠して実施することになっています（第6章参照）。小学校学習指導要領では学年ごとの目標が記されていませんので，評

価を適切に実施するためには学年ごとの目標設定が必要です。

　また，学年ごとの目標が決まると，何を指導すべきかが明確になり，指導したことに基づく評価を実施することができます。よく「指導と評価の一体化」が重要であると言いますが，「目標と指導と評価の一体化」を図りましょう。授業研究会に招かれた時に，その学校の学年ごとの目標を見せてもらうことにしていますが，それはその育成目標を達成するために，その授業や単元の指導が効果的であったかどうかを検討するためです。学年ごとの目標が設定されていないと，その授業がよかったのかどうかということを判断することが難しくなります。

　学年ごとの目標を，教員間で共有したり議論したりすることは，教師がそれぞれ勝手に指導するのではなく，学校として一丸となって指導することにつながります。また，学年ごとの目標を，児童や保護者と共有することで，児童が目的意識を持って学習に取り組めたり，自らの学びを自覚的に捉えたりすることが可能となりますし，保護者には小学校でどのような外国語教育が行われているのかを理解してもらうことができます。

③ **学年ごとの目標の改善のために**

　学年ごとの目標を設定する際，教科書会社が提供するものなど，他者が作成した目標を参考にすることがあります。また，一度作った目標を，児童の実態や指導の実際に基づいて見直す必要性が生ずることがあります。その際，次のポイントを考えるとよいでしょう。

【見直すポイント】

1. 単元の目標だけになっていないか
2. 領域別の目標と合致しているか
3. 学年ごとに異なる文言となっているか
4. 何を指導すべきかが明確か
5. 評価が可能か

---

1. 単元の目標だけになっていないか

　CAN-DO リストというと，単元の目標のリストを思い浮かべる人がいるかもしれませんが，単元の目標と学年ごとの目標は異なります。学年ごとの目標は，『「指導と評価の一体化」のための学習評価に関する参考資料　小学校　外国語・外国語活動』(国立教育政策研究所教育課程研究センター, 2020, p. 38) によれば，外国語科の目標と 5 つの領域別の目標に基づいて，5 つ（外国語活動においては 3 つ）の領域別の学年ごとの目標を設定することとされています。

　一方，単元ごとの目標は，学年ごとの目標を踏まえて，単元で扱う事柄，言語材料，コミュニケーションを行う「目的や場面，状況」，話題などに基づいて具体的に設定することとされています。単元の目標のリストだけでなく，学年ごとの目標が設定されているかどうか確認しましょう。

2. 領域別の目標と合致しているか

　学年ごとの目標が，小学校学習指導要領で示されている領域別の目標と合致しているかという点から見直すことも大切です。次の「聞くこと」の目標の例を見てください。

【第 6 学年】 ゆっくりはっきりと話されれば，日常生活に関する身近で簡単な事柄について，短い話の概要を捉えることができる。
【第 5 学年】 ゆっくりはっきりと話されれば，日常生活に関する身近で簡単な事柄について，写真，ジェスチャーを手掛かりに短い話の概要を捉えることができる。

　領域別の目標では，コミュニケーションを行う目的や場面，状況等に応じて具体的な情報を聞き取る力を育成することになっています（140 ページ参照）。上の例では，短い話の概要を捉えることにのみ言及されていて，これでは具体的な情報を聞き取る指導が不十分であったり，評価がなされなかっ

たりということにつながってしまいます。領域別の目標をカバーしているかということを検討しましょう。

また，領域別の目標を各学年に振り分けただけの「学年ごとの目標」も見かけます。この場合，領域別の目標と合致しているのですが，以下の 3. や 4. で述べるように，各学年で指導すべき内容と乖離した目標となっていることがあるので注意しましょう。

3. 学年ごとに異なる文言となっているか

学年ごとの目標が，次の例のように複数の学年で全く同じ記述になっている場合には，各学年で育成するべき資質・能力を熟考して明記しましょう。

(1)「話すこと［発表］」の目標の改善前

【第 6 学年】 身近で簡単な事柄について，伝えようとする内容を整理した上で，自分の考えや気持ちなどを，簡単な語句や基本的な表現を用いて話すことができる。
【第 5 学年】 身近で簡単な事柄について，伝えようとする内容を整理した上で，自分の考えや気持ちなどを，簡単な語句や基本的な表現を用いて話すことができる。

同じ文言だと何が問題になるのでしょうか。

第 1 に，評価に問題が生じます。目標に準拠してその学習状況を評価することになりますが，目標が同じであれば原則的には同じ物差しで 5 年生と 6 年生のパフォーマンスを評価することになってしまいます。5 年生の際に，十分満足できる状況（A）であると判断された児童は，第 6 学年の指導を受けなくても A になるはずです。

第 2 に，それぞれの学年で何を指導するのかがあいまいになってしまいます。目標が同じだと指導内容も同じであるということになってしまいます。

ではどう改善すればよいでしょうか。

5

学年ごとの目標（CAN-DOリスト）の基本の「き」

(2) 「話すこと［発表］」の目標の改善後

【第6学年】
日常生活について，伝えようとする内容を説明と自分の考えに整理した上で，伝え方を工夫しながら自分の考えや気持ちなどを話すことができる。

【第5学年】
自分のことや身近な事柄について，伝えようとする内容を自分の考えと理由に整理した上で，伝え方を工夫しながら自分の考えや気持ちなどを話すことができる。

　第1に，「～について」という話題が変わっています。第5学年では，教室場面を中心にして，自分のことや身近な事柄について扱い，第6学年では，自分の町や夏休みの思い出など学校外の話題も取り扱われることを踏まえて，その違いを明記しました。

　話題は，どのような語句や表現を用いるのかという点（すなわち，「知識及び技能」の指導内容）に影響を及ぼしますが，話題を変えただけでは，「思考力，判断力，表現力等」の学年間の違いが明確ではありません。そこで，どのように伝えようとする内容を整理するのかという点から文言を変えています。第5学年では，I like English.（なぜなら）It is fun. や，My hero is Mr. ～.（なぜなら）He is a good tennis player. といったように，考えと理由というまとまりを意識して内容を整理させていることが多いと思います。

　第6学年では，**「考えと理由」というまとまり**だけではなく，We don't have a stadium in our city. と街の説明をしてから，I want a stadium. のように自分の考えを加えたり，I went to Hokkaido. I ate fish and meat. I saw flowers. のように行った場所やそこでしたことについて説明してから，It was nice. や I want to go to Hokkaido again. などと自分の考えを加えたりするなど，**「説明＋自分の考え」というまとまり**を意識して内容を整理させる実践もよく見かけます。このような指導の実態を踏まえて，学年ごとの目標を作ったのが上の例です。

164

　また，第5学年と第6学年の両方に，「伝え方を工夫しながら」を追加しました。5年生ぐらいから，どのような相手に伝えるのかを考えながら，表現方法を工夫することを指導していることが多いからです。

　他の方法としては，多くの先生方の実践を見せていただく中で，第5学年では，ワークシートで観点が書かれた枠組みを用いて伝える内容を整理させていることが多く見られましたので，第5学年では「観点が与えられれば」という条件を付け加えてもよいかもしれません。ただ，「思考力，判断力，表現力等」の点から言うと，児童自身がコミュニケーションを行う目的や場面，状況等に応じて伝える内容を整理することも重要ですので，観点が与えられなくても自分で内容を整理し，伝える順番を考えられるようになるとよいと思います。そこで第6学年では「観点が与えられれば」という条件は付けないようにします。

4. 何を指導すべきかが明確か

　前項で検討したことと重なりますが，学年ごとの目標を設定する際に，何を指導すべきかを明確にすることが重要です。目標の表現を変えたとしても，指導すべき内容が具体的に見えないこともあります。その場合には，児童の発話例などの具体例を示したり，詳細な説明を加えたりするとよいと思います。「知識及び技能」については，教材や教科書において扱う語句や表現が決まってるので，指導内容を考えることはそれほど難しくありません。特に，「思考力，判断力，表現力等」について検討しておくとよいでしょう。ここでは，「聞くこと」と「話すこと［やり取り］」を取り上げます。「話すこと［発表］」については，前項を参考にしてください。

(1)「聞くこと」の「思考力，判断力，表現力等」の指導内容

　次ページに示すのは，「聞くこと」の目標の例と「思考力，判断力，表現力等」の点から指導する内容の例です。第5学年では具体的な情報を聞き取ること，第6学年では短い話の概要を捉えることとしています。「思考力，判断力，表現力等」の指導内容としては，**コミュニケーションを行う目的や**

場面，状況等に応じて聞くことと，**聞き取った情報を精査する**こと（例：必要な情報か否かを判断する，情報と情報の関係を考える，重要な情報とそうでない情報に整理する，など）を検討するとよいでしょう。

　例えば，第6学年の指導内容の3つ目の「（概要を把握する）情報と情報の関係を理解し，何について話されているのかがわかる。」については，I like swimming. I go to the swimming pool on Sundays. I like books. I read books every day. という英語を聞いた時に，「水泳が好きなことと本が好きなことを話しているので，つまり好きなことについての紹介なんだな」と何について話されているのかがわかるように指導します。そして，「聞くこと」の指導においては，What is he/she talking about?（何について話してますか？）や，What is his/her topic?（トピックは何？）のような質問をして，何について話されているのかがわかるように指導していきます。

「聞くこと」の目標の例と「思考力，判断力，表現力等」の指導内容

目標の例	指導内容の例
【第6学年】 ゆっくりはっきりと話されれば，日常生活に関する事柄について，短い話の概要を捉えることができる。	【第6学年】 目的・場面・状況等に応じて， ・（概要を把握する）情報と情報の関係を理解し，重要な情報とそうでない情報を判断し，大まかな内容を理解する。 ・（概要を把握する）情報と情報の関係を理解し，時間的経過に整理して，あらすじがわかる。 ・（概要を把握する）情報と情報の関係を理解し，何について話されているのかがわかる。
【第5学年】 ゆっくりはっきりと話されれば，自分のことや身近なことについて，具体的な情報を聞き取ることができる。	【第5学年】 目的・場面・状況等に応じて， ・（具体的な情報を聞き取る）話される内容を予想し，予想が合っているかいないかを判断する。 ・（具体的な情報を聞き取る）何を知りたいかという目的意識を持ち，必要な情報とそうでない情報に整理する。

(2)「話すこと［やり取り］」の「思考力，判断力，表現力等」の指導内容

　次に示すのは，「話すこと［やり取り］」の学年ごとの目標の例と，「思考力，判断力，表現力等」の点から指導する内容です。第5学年では「その場で質問したり質問に答えたりすることができる」とされているのに対して，第6学年では「やり取りを継続すること」とされています。もう少し具体的にどのようなやり取りをできるようになってほしいのかを考えましょう。「思考力，判断力，表現力等」の点から言えば，コミュニケーションを行う目的や場面，状況等に応じて伝える内容を形成することを指導します。**何を伝えたり尋ねたりするのか，どれを伝えたり尋ねたりするのか，どのように伝えたり尋ねたりするのかを考える**ことがポイントとなります。これらのポイントの点から，各学年で指導すべきことの例を以下に挙げます。

「話すこと［やり取り］」の目標の例と「思考力，判断力，表現力等」の指導内容

目標の例	指導内容の例
【第6学年】 日常生活に関する事柄について，その場で質問をしたり質問に答えたりしてやり取りを継続することができる。	【第6学年】 目的・場面・状況等に応じて， ・関連する質問をする。 ・自分のことを付け加える。 ・相手が理解できない時に表現方法を工夫したり（例：ジェスチャーをする，絵・写真を見せる），英語を繰り返したり，ゆっくり発音したりする。 ・相手の言うことが理解できない時に，わからないことを伝えたり，質問したりする。
【第5学年】 自分や相手のこと及び身の回りの物に関する事柄について，その場で質問をしたり質問に答えたりすることができる。	【第5学年】 目的・場面・状況等に応じて， ・質問に答える。 ・応答・コメントする（Me too. /I see./Really?/Nice./Good.）。

5. 評価が可能か

162ページで示した「聞くこと」の目標の例をもう一度見てください。第5学年では「<u>写真，ジェスチャーを手掛かりに</u>短い話の概要を捉えることができる」とされているのに対して，第6学年では下線部の文言がカットされています。4. とも関わりますが，この学年ごとの目標に基づくと，第5学年では写真，ジェスチャーなどの手掛かりがある中で聞くことの活動を行うのに対して，第6学年ではそうした手掛かりがなくても概要を捉えることができるように指導しなくてはなりません。

また，評価の際にも，第5学年の聞くことの評価の際には必ず写真，ジェスチャーなどの手掛かりが与えられているのに対して，第6学年の聞くことの評価の際にはその手掛かりがない状況で聞かせる必要があります。そのような評価が実際に行えるのかどうかということを検討しましょう。

④ 学年ごとの目標に基づいた年間指導計画・評価計画の作成

学年ごとの目標が設定・改善され，何を指導するのかが明確になったら，年間指導計画と評価計画を作成します。**年間指導計画は，指導すべき内容をどの単元でどのように指導するのかということを示す計画です。**また，**評価計画は，指導した内容をいつ，どのように評価するのかという計画です。**

年間指導計画を作成する際に教科書の単元末の言語活動を確認してみましょう。もしも単元末の言語活動が「話すこと［発表］」だけだったら，「話すこと［やり取り］」をどのように指導していくのかについて考える必要があります。例えば，1学期で扱う単元では，終末の「話すこと［発表］」の言語活動を，［やり取り］の言語活動に変えて，1学期中に［やり取り］の指導（第6学年の例であれば，関連する質問をすること，自分のことを付け加えることなど）を行い，2学期以降はそれぞれの単元の中で継続的に［やり取り］を指導するよう変更できます。

評価計画は年間指導計画に基づいて作成しましょう。目標と指導と評価の一体化を図ることが重要です。評価については，第6章を参照してください。

6 学習評価の基本の「き」

第6章のキーワード
▶記録に残す評価　▶評価の3観点　▶観点別学習状況の評価　▶評定
▶評価規準と評価基準

　本章では外国語活動と外国語科の学習評価を取り上げます。

　評価の目的にはさまざまなものがあります。例えば，「指導改善のための評価」は，児童の学習状況に基づいて時には指導計画を変えて，より効果的な指導を目指します。また，「学習改善のための評価」は，支援を必要とする児童の状況を把握し，児童に対する個別指導などを行っていきます。

　「記録に残す評価」は，目標に応じて指導内容を決め授業を行い，指導した内容が学ばれたかどうかを評価し，必要に応じて指導改善や学習改善を行った後に，目標とする資質・能力をどの程度身につけたかを評価するものであり，指導要録に記録する評価につながるものです。本章では「記録に残す評価」に焦点を当てます。

　学習評価については，中央教育審議会初等中等教育分科会教育課程部会が『児童生徒の学習評価の在り方について（報告）』(2019) の中で基本的な方針を示しました。その後，「小学校，中学校，高等学校及び特別支援学校等における児童生徒の学習評価及び指導要録の改善等について」（平成31年3月29日付初等中等教育局長通知）が出され，学習評価の改善のポイントと評価の観点が示されています。そして，各教科等の学習評価の考え方が具体的に示された『「指導と評価の一体化」のための学習評価に関する参考資料　小学校　外国語・外国語活動』（国立教育政策研究所教育課程研究センター，2020) が刊行されています。本章ではそれぞれ『報告』，『通知』，『参考資料』と略記します。

観点別評価の 3 観点

『報告』によれば，従来各教科で実施されてきた学習指導要領に定める目標に準拠した評価である観点別学習状況の評価と，これらを総括的に捉える評定を，今後も維持するとしています（p. 6）。外国語科は教科ですので，観点別学習状況の評価と評定を実施することになります。

観点別学習状況の評価について，育成するべき資質・能力が 3 つの柱で整理されたことに対応して，評価の観点も 3 つとなりました（『通知』参照）。次の表は，資質・能力の 3 つの柱と評価の 3 観点の対応を示したものです。

資質・能力の 3 つの柱	評価の 3 観点
知識及び技能	知識・技能
思考力，判断力，表現力等	思考・判断・表現
学びに向かう力，人間性等	主体的に学習に取り組む態度

従来は，「関心・意欲・態度」，「知識・理解」，「技能」，「思考・判断・表現」という 4 観点が設定されており，各教科の特性に応じて評価の観点が例示されていました。例えば，外国語活動では，「技能」と「思考・判断・表現」を一緒にして，「外国語への慣れ親しみ」という観点が設定されていました。しかし，小学校学習指導要領改訂に伴う学習評価の改善により，どの教科においても，3 観点で評価することになりました。

外国語科において，難しいのは，「技能」と「思考・判断・表現」をどう切り分けるかということでしょう。

また，従来は「関心・意欲・態度」として「コミュニケーションへの関心・意欲・態度」という観点が設定されており，積極的にコミュニケーションを図ろうとする態度を評価してきましたが，新たに「主体的に学習に取り組む態度」という観点になることで，主体的な姿をどのように捉えるのかということを検討する必要があります。

3 観点の詳細は本章③で見ていきます。

② 観点別学習状況の評価と評定

「**観点別学習状況の評価**」とは，**各教科の目標に照らして，その実現状況を観点ごとに評価すること**です（『通知』参照）。3つの評価の観点ごとに，「十分満足できる」状況と判断されるもの（A），「おおむね満足できる」状況と判断されるもの（B），「努力を要する」状況と判断されるもの（C）と区別して記入します。

一方，「**評定**」は，**各教科の目標に照らして，その実現状況を総括的に評価すること**です（『通知』参照）。つまり，観点ごとの評価をさらに総括して，1〜3の数字で表わします。3つの区分は，「十分満足できる」状況と判断されるもの（3），「おおむね満足できる」状況と判断されるもの（2），「努力を要する」状況と判断されるもの（1）です。

なお，外国語科については，小学校学習指導要領の中で，学年ごとの目標が示されていないため，各学校が設定した「学年ごとの目標」に基づいて評価を行うことになります（第5章参照）。

外国語活動については，「評価の観点を記入した上で，それらの観点に照らして，児童の学習状況に顕著な事項がある場合にその特徴を記入する等，児童にどのような力が身に付いたかを文章で記述すること」とされています（『通知』参照）。つまり，外国語活動では，観点は設け，評価を行うものの，学習状況を文章で記述して，A，B，Cの評価や3，2，1の評定は付けないことになります。

③ 観点ごとの評価のポイント

1．知識・技能の評価

「知識・技能」については，小学校学習指導要領の「英語の特徴やきまりに関する事項」で示されている**言語材料について理解しており，聞いたり読んだり話したり書いたりする技能を身につけているか**を評価します。

(1)「聞くこと」と「読むこと」の評価

「聞くこと」や「読むこと」については，**英語を聞いたり読んだりして，語句や表現の意味を正しく理解しているか**を評価します。

次の例を見てください。ALT の話を聞いて，語句や表現を聞き取っているかを評価するタスクの例ですが，ここでは，施設名や We have 〜. / We don't have 〜. という表現の意味を理解できているかを評価対象にするとしましょう。その場合，タスク①では，町にある施設とない施設について正しくメモできているかどうかを評価します。また，タスク②や③では，ALT の出身地や好きなものについて尋ねてもよいと思いますが，その場合は評価に含めないようにします（評価対象を具体的に設定しなければ，評価に含めてもよいでしょう）。

ALT：I am from City X, the USA. We have a lot of museums in our city. I like pictures. I like our museums. We don't have an amusement park. I like amusement parks. I want an amusement park.

タスク例①：ALT の話を聞いて，わかったことをメモしよう。
タスク例②：ALT の出身の町にあるものを選ぼう。

タスク例③：次の点を聞こう。
　(1) ALT の町にあるものは？
　(2) ALT の町にないものは？

---

(2) 「話すこと」と「書くこと」の評価

　「話すこと」や「書くこと」については，主として自分の伝えたい内容を**語句や表現を用いて正しく話しているか**や，**書き写しているか**を評価します。「英語の特徴やきまりに関する事項」の中には，「音声」が記されています。音声の評価について『参考資料』に「『音声』の特徴を捉えて話すことについては，それ自体を観点別評価の規準とはしないが，ネイティブ・スピーカーや英語が堪能な人材を活用したり，デジタル教材等を活用したりして適切に指導を行う」（p. 30）とされており，音声については指導はするが評価はしないということになっています。「書くこと」については，「文字や符号」に着目した評価も可能です。

　基本的には，当該単元で指導した言語材料（語句や表現など）を正しく用いることができているかということを評価することになりますが，十分身についたタイミングで評価を行うようにしましょう。155-158 ページでも説明した通り，本当に自分の力でできるようになるには，繰り返し言語活動を経験し，必要に応じて指導を受けることが必要です。場合によっては，その単元で扱った言語材料であってもその時は評価の対象とはせず，時間をかけて指導した上で評価するということも考えられます。

2. 思考・判断・表現の評価

　「思考・判断・表現」については，**コミュニケーションを行う目的や場面，状況等に応じて，聞いたり読んだり話したり書いたりしている**状況を評価します。第 5 章では，「学年ごとの目標」を見直すポイントとして「何を指導すべきかが明確か」を考えました（165-167 ページ）。その指導内容が身についているかどうかを評価します。

(1) 「聞くこと」の評価

　「聞くこと」については，英語を聞いてその意味を捉えるだけではなく，**得られた情報を精査しているかどうか**を評価します。

　次の例を見てください。タスク例①と②は，コミュニケーションを行う目

的が設定されています。この目的に応じて，具体的な情報を聞き取り，得ら
れた情報を整理するタスクとなっています。具体的な情報を聞き取ることの
評価は，「知識・技能」の評価と混同しがちですが，**児童が目的意識を持っ
て，得られた情報を整理したり，得られた情報の中から自分が聞きたいと思
う情報を選んだりするようなタスクを設定**すれば，思考・判断・表現の評価
ができます。タスク例③と④は，得られた個々の情報の関係を捉えて，「町
について紹介している」（③）や「町にあるものとないものを紹介してい
る」（④）というように大まかな内容（概要）を理解しているかどうかを評
価するタスクとなっています。

ALT：I am from City X, the USA. We have a lot of museums in
our city. I like pictures. I like our museums. We don't have an
amusement park. I like amusement parks. I want an
amusement park.

タスク例①：ALT の新たな一面を知るために自己紹介を聞こう。
　※新たに知ったこととすでに知っていたことに整理してメモさせる。
タスク例②：ALT とみんなの共通点を探るために ALT の自己紹介を聞こ
う。
　※自分との共通点とそうでない点に整理してメモさせる。
タスク例③：ALT は何について話してくれましたか？
タスク例④：ALT は町のどのようなことについて話してくれましたか？

　授業中のワークシートを回収して評価することも可能です。92 ページで
示したワークシートでは，一緒に行きたいかどうかを考えながら，相手の行
きたい国や地域の紹介を聞き，一緒に行きたいと思うかの判断と，その理由
を書かせています。ペアトーク 2 終了後のワークシートを回収して，活動の
目的を果たしているか，また理由となる部分を聞き取っているかという点か
ら評価することができます。

(2)「読むこと」の評価

　「読むこと」については，コミュニケーションを行う目的や場面，状況等が設定された言語活動の中で**大文字・小文字の名称を発音できているか**，また**英語を読んで意味を捉えているか**を評価します。

　なお，読んで意味がわかっているかどうかの評価については，慣れ親しみの状況を評価することに留意しましょう。すなわち，指導があった上で，読んで意味が理解できる状況にあるか否かを評価します。授業の「読むこと」の言語活動のワークシートを回収して評価をする場合には，授業の中で音声に十分慣れ親しませたり，読ませようとする英語の語句や表現が書かれたものを見せたり意味を確認した上で読ませているので問題になることはあまりありません。ペーパーテストなどを利用して評価をする場合には，単元の中で十分音声に慣れ親しんだ語句や表現を読ませているのか確認しましょう。

(3)「話すこと［やり取り］」の評価

　「話すこと［やり取り］」については，コミュニケーションを行う目的や場面，状況等に応じて，**伝える内容・質問を考えたり選んだり，質問に対して適切に答えたり，相手に応じて伝え方を工夫したりする**状況を評価します。

　例えば，第5学年で，目的・場面・状況等に応じて質問に対して適切に答えたり，Me, too. や Really? など応答・コメントしたりすることを指導したとします。その上で，次に示すようなタスクにおけるやり取りを評価します。Bさんの英語の不正確さ（thirty-one, What you want?）が目につくかもしれませんが，「思考・判断・表現」を評価する際には，質問に対して適切に答えているか，目的に応じて適切に応答しているかという点に着目しましょう。この例ではAさんもBさんも，質問に適切に答えていますし，共通点を探すという目的に合った応答やコメントをしています。2人ともおおむね満足できる状況（b基準）以上であると判断できます。

> タスク：友だちとの共通点を探すため，誕生日や欲しいものについて質問したり質問に答えたりしよう。

6

学習評価の基本の［き］

A：When is your birthday?

B：March thirty-one.　←質問に適切に答えている。

A：Oh, March. Me too. My birthday is March 10th.　← 共通していることを示す応答やコメントをしている。

B：Birthday present. What you want?

A：I want a new bike.　← 質問に適切に答えている。

B：Bike. Me too. Big? Small?　←共通していることを示す応答をしている。

(4)「話すこと［発表］」の評価

　「話すこと［発表］」については，コミュニケーションを行う目的や場面，状況等に応じて，**伝える内容を決めたり，伝える順序を考えたり，相手に応じて伝え方を工夫したりする**状況を評価します。特に，領域別の目標においては，「**伝えようとする内容を整理した上で**」という文言が書かれていますので，**話す順序を児童自身に考えさせる**ことが重要です。

　例えば，第6学年で「日常生活について，伝えようとする内容を説明と自分の考えに整理した上で，自分の考えや気持ちなどを話すことができる」という学年ごとの目標に関連して，単元において夏休みの思い出を扱ったとします。単元の中で，思い出を伝えるには，説明（行った場所としたこと）と自分の考え（感想）に整理するとよいことを指導します。その上で，次ページに示すようなタスクにおける発表の様子を評価します。Aさんですが，I went to 〜 . という表現は使っていませんが，行った場所について伝えています（Family trip. Mt. Iwaki. Aomori-ken.）。また，したこと（I ate dakekimi.）を伝えていますし，ALTを意識して説明も加えています（Mt. Iwaki corn.）。そして，It was 〜 . という表現は使っていませんが，感想を伝えています（It's beautiful. Delicious. Nice trip.）。これは，伝えようとする内容を説明と自分の考えに整理して伝えている姿とみることができます。

タスク：ALT の〇〇先生が，日本の小学生の夏休みの過ごし方を知りたがっています。皆さんの夏休みの思い出を教えてください。

A：Family trip. Mt. Iwaki. Aomori-ken. It's beautiful. I ate dakekimi. Mt. Iwaki corn. Delicious. Nice trip.

（家族旅行をした。岩木山（に行った）。青森県（にある）。美しい。ダケキミを食べた。岩木山のとうもろこし（です）。美味しい。いい旅。）

(5)「書くこと」の評価

「書くこと」については，コミュニケーションを行う目的や場面，状況等に応じて，**大文字や小文字を活字体で書いているか，語句や表現を書き写していたり，例文を参考にして書いたりしているか**を評価します。

例えば，「アウトドア活動が好きな ALT におすすめの場所を伝えよう」という活動で，アウトドア活動が好きな ALT が気に入ってもらえそうな場所を選んでいたり，何ができるかを書いたりしていれば，適した内容を書いていると判断できます。

3. 主体的に学習に取り組む態度の評価

「主体的に学習に取り組む態度」については，**言語活動に取り組もうという態度**や，「**言語活動への取組に関して見通しを立てたり振り返ったりして自らの学習を自覚的に捉えている状況**」（『参考資料』pp. 31-32）を評価します。つまり，言語活動への粘り強い取り組みと自己調整の点から評価します。

言語活動の粘り強い取り組みについては，言語活動への取り組みとコミュニケーションの継続の点から児童の態度を評価するとよいと思います。例えば，「聞くこと」については，言語活動への取り組みとしては，うなずいたりあいづちをうったりメモをとったりしながら聞いている姿を，コミュニケーションの継続の点からは，わからないところがあっても聞き返しながら聞いている姿を評価することができます。「話すこと」に関する言語活動への取り組みとしては，黙ってしまわずに話し続けている姿を，コミュニケー

ションの継続の点からは，伝えられないことがあってもジェスチャーなどを使って表現しようする姿を評価することができます。

　自己調整については，振り返りの際に，①**単元を通して，目的意識を持ちながら学んでいるか**，②**言語面（「知識及び技能」の側面）と内容面（「思考力，判断力，表現力等」の側面）の点から振り返っているか**を評価します。①の点については，単元の目標と Today's Goal（本時のねらい）の両方を意識して，自らの学びを振り返ることが重要です。②については，内容面について振り返る時には，コミュニケーションを行う目的や場面，状況等に応じて言語活動できたかどうかを振り返らせるとよいでしょう。次の表は自己調整の評価のポイントと，児童の振り返りの例を示しています。

自己調整の評価のポイント	振り返りの例
目的を達成できたかどうかの点から自らの学びを振り返っているか。	「誕生日や欲しいものに関してやり取りをして，友達との共通点を探すことができた。」
どのような学びがあったかを振り返っているか。	（言語面）「質問を言えるようになった」「質問されて何が聞かれているかわかるようになった。」 （内容面）「A さんが，Me too. って言っていて，共通点であることがすぐにわかったので，自分も使ってみた。」
目的が達成できたことについては次に活かそうとしているか。 また，目的が達成できなかったことについては課題意識を持っているか。	「いろいろな質問をしたら，共通点がたくさん見つかった。今度もたくさん質問して目的を達成したい。」 「共通点があまり見つからなかった。今度はたくさん質問したい。」

④ 評価規準と評価基準のポイント

　評価規準は，どのような姿を評価するのかということを示したものです。一方，**評価基準**（あるいは「判断基準」）は，**どのような姿になればaなのか，bなのか，cなのか**（あるいは〇なのか×なのか）を示すものです。（本書では，『参考資料』にならって，指導要録に観点別評価として記録するA，B，Cと区別するために，具体的な評価場面においてはa，b，cという記号を用います。）

　評価規準は，学年ごとの目標を参考にしながら，単元の目標で示されている具体的なコミュニケーションを行う目的や場面，状況等や話題などを盛り込みます。次の表は，評価規準と評価基準の例を示したものです。

学年ごとの目標	日常生活に関する事柄について，その場で質問をしたり質問に答えたりしてやり取りを継続することができる。
単元の目標	お互いのことをもっとよく知ってもらうために，夏休みの思い出について，友達に質問したりその場で答えたりしてやり取りを継続することができる。
評価規準 ［思考・判断・表現］	お互いのことをもっとよく知ってもらうために，夏休みの思い出について，友達に質問したりその場で答えたりしてやり取りを継続している。
評価基準	条件①：関連する質問をしている。 条件②：答える時に自分のことを付け加えている。 a基準：条件①と②を繰り返し満たしてやり取りしている。 b基準：条件①と②を満たしてやり取りしている。 c基準：条件①と②を満たしていない。

6

学習評価の基本の「き」

　評価規準は基本的に「〜のために（目的等），〜について（事柄・話題），〜をしている（言語行為）」という形になります。「やり取りを継続している」という文言だけだと，どのような姿を評価したらよいのかがわからなくなってしまいます。165-167ページで示したように，学年ごとの目標を設定する際に，具体的に何を指導するのかを考え，その内容を単元で指導し，その内容が身についているのかを評価します。ここでは，「話すこと［やり取り］」の「思考力，判断力，表現力等」に関して，関連する質問をすることと，答える時に自分のことを付け加えることを指導し，評価します。

　評価基準は，観点別学習状況の評価に合わせて，3段階（a，b，c）にすることが多いです。その場合，b以上が合格であると考えましょう。a評価は「十分満足できる」と判断できる状況であり，かなりよい場合に付けます。

　評価基準の書き方にはいろいろあります。ここでは，指導した内容を条件として示し，その条件を満たしていればb基準，条件を繰り返し満たしていればa基準という書き方をしました。

　次のように文の中に条件を盛り込んで書いてもよいでしょう。

---

a基準：繰り返し関連する質問をしたり，繰り返し自分のことを付け加えたりしている。
b基準：関連する質問をしたり，自分のことを付け加えたりしている。
c基準：関連する質問をしていない，または自分のことを付け加えたりしていない。

---

⑤ 評価方法

　評価方法として，ワークシート，授業の行動観察，作品，振り返りカード，パフォーマンス評価，ペーパーテストなどが考えられます。紙媒体ではなく，ICT端末を用いて解答させたり，振り返りを書かせたりしてもよいでしょう。評価資料の収集が楽になります。

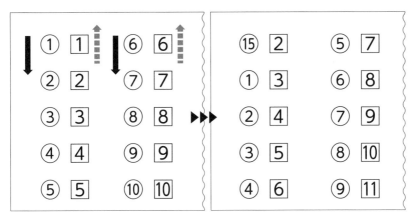

ローテーショントークの動き方

　「話すこと［発表］」や「書くこと」については，「何を伝えたいか。それはなぜか」ということをワークシートに記述させると，「思考・判断・表現」の評価の補助資料として役立ちます。例えば，「夏休みにいろいろ体験したけど，ALT の先生が日本の小学生の夏休みの過ごし方を知りたいと言っているので，○○を伝えたいと思います。」と書かれていれば，コミュニケーションを行う目的に応じて，伝える内容を考えていることがわかります。

　「話すこと［やり取り］」の評価の際，ペア活動のさせ方を工夫するとよいでしょう。ここでは，長野県の矢野司先生の実践であるローテーショントークを紹介します。上の図の左を見てください。30 人学級として，隣同士でペアを作ります（例：○の 1 番と□の 1 番がペアになる）。ペアで話し終わった後，○の列は後の方に移動します。押し出された児童は，次の列に移動します。□の列は前の方に指導します。そうすると右側の図のようになります。片方の列の移動はよく見かけますが，○の列と□の列の両方が移動することがポイントです。

　30 人学級の場合には 15 ペアを作ることができます。2 分間のやり取りにすると 30 分で一回りとなり，15 人と話させることができます。32 人学級（16 ペア）では，一回りする前に元のパートナーとの組み合わせになって

しまうので，片側の列（○か□）を 1 人分ずらすと，16 人と話すことができるようになります。動き方が複雑ですので，普段の Small Talk 等の活動で慣れておくとよいでしょう。

　評価の際には，先生はある 1 ヶ所に立ちます。違う児童から構成されるペアが目の前にいることになり，15 ペアならば 30 分で全員を観察することができます。「話すこと［やり取り］」の評価では，ペアの組み方によって不公平となることが生じます。低い評価の児童については，別の相手とのやり取りも観察し，評価が適切か確認しましょう。ティーム・ティーチングの授業ならば，もう 1 人の先生が別の場所に立てば，別のペア相手とのやり取りをしている児童を観察・評価をすることができます。

　「話すこと［やり取り］」や「話すこと［発表］」の評価の際には，ICT 端末を使ってパフォーマンスを記録しておくと，後で確認することができます。また，児童自身も自分の成長を確認することができます。

　振り返りカードには，「主体的に学習に取り組む態度」の点から，「Today's Goal は達成できましたか。達成できた人は何が役だったと思いますか。達成できなかった人は次がんばりたいことは何ですか。」といった質問項目を設けるとよいでしょう（第 1 部 8 章，第 2 部 8 章参照）。

7 外国語教授法の基本の「き」

第 7 章のキーワード
▶トータル・フィジカル・レスポンス（TPR）
▶オーディオ・リンガル・メソッド　▶ジャズ・チャンツ

　本章では，外国語の教え方に焦点をあてます。すべての外国語教授法を網羅的に扱うことはできませんので，外国語活動や外国語科に関するものや，知っておくと役立つものに絞って紹介します。「トータル・フィジカル・レスポンス」（Total Physical Response, TPR），「オーディオ・リンガル・メソッド」（Audio-Lingual Method, ALM），「ジャズ・チャンツ」（Jazz Chants）を説明します。

① トータル・フィジカル・レスポンス

　「トータル・フィジカル・レスポンス」（全身反応教授法，以下 TPR）は，ジェームズ・アッシャー（James Asher）によって 1960 年代に提唱された教授法です（Asher, 1996）。基本的には，指示を出して学習者に行動で反応させる指導法で，言語と身体の一体化を目指しています。基盤になっているのは，母語習得です。母語習得においては，「こっちを向いて」や「食べてね」という指示を受け，動作で反応しながら，言語を学んでいく，という考え方にもとづき，それを外国語学習に応用させています。

　TPR の手順は，「**クラス全体**」→「**少人数**」→「**一人一人**」→「**学習者に指示を出させる**」というように流れていきます。1 つの指示ではなく複数の指示を出したり（「ドアの近くに座っている人のところまで行って，その人を部屋の真ん中まで連れてきなさい」（Walk to the person who is sitting near the door and bring that person to the center of the room.）のように複雑な指示），教師による行動のモデルを見せずに指示を出したりします。また，学習者が自分で話したいと願う時まで，話させることは控えます。

　TPR の利点として次の点が挙げられます。

利点（1）　聞くことを中心とする活動の中で，教師が**理解可能なインプット**を与えられる。また，英語表現を繰り返し聞かせることができる。

利点（2）　動作という言語外情報によって，**意味の理解を促進**することができる。

利点（3）　身体の各部分，数，空間の関係，色，形，感情，衣服など，**幅広い概念**を扱うことができる。

利点（4）　ゲームのように行うことができるので，**リラックス**した雰囲気の中で楽しんで活動をさせられる。また，発話は強制されないので，学習者は不安をあまり感じない。

利点（5）　教師は学習者の行動・反応を見ながら，指示の**難易度を調整**することができる。

　TPR は，外国語活動における**初期段階の英語指導に応用しやすい教授法**です。例えば，料理，折り紙，ゲームの指示，タッチング・ゲーム，ポインティング・ゲーム，サイモン・セッズ，ドラマ，絵を描く活動，歌など，TPR の要素を含まない活動はないと言っても過言ではありません（50-52ページ参照）。

　一方で，TPR が批判される点としては，抽象的な概念を扱いづらいことが挙げられます。例えば，friendship（友情）や honor（名誉）といった抽象的な語を使って TPR を行うことは難しいでしょう。また，TPR では，基本的に「相手の行動を促す働き」は頻繁に生じますが，その他のさまざまな言語の機能（例えば，「感謝する」といった，気持ちを表す機能）は扱いづらいかもしれません。

　しかし，英語学習の初期の段階である外国語活動では，抽象的な語句を扱

うことは少ないですし，TPR だけでなくさまざまな活動とともに利用すれば，多様なコミュニケーションの働きの機会を与えることができますので，これらの批判はあてはまらないと考えます。

② オーディオ・リンガル・メソッド

　外国語活動・外国語科の授業において，次のような手順の授業を見かけることがあります。まず，教師がモデルとなる英文を発音し，児童に真似をさせます。次に，ピクチャー・カードなどを用いて文型練習をさせます。その後で，コミュニケーション活動をさせます。この指導法（いわゆる PPP）は，「オーディオ・リンガル・メソッド」と呼ばれる教授法に影響を受けたものと考えられます。

　オーディオ・リンガル・メソッドは，第二次世界大戦後，アメリカを中心にして広まった外国語教授法で，行動主義心理学と構造言語学を理論的基盤としています。行動主義心理学では，「刺激→反応→強化」という習慣形成を学びとして捉え，言語の学習も同様に行われると考えました。

　そこで，正しい音声モデルを真似して覚えさせる教授法が生まれました。この活動を，「**ミムメム**」（Mimicry-Memorization，模倣をして暗記すること）と呼びます。

　典型的なのは，Repeat after me. という指示と共に，教師の後に続いて英語を発音する練習です。ミムメムは，学習者が音声モデルを覚えるまで行います。その後で，文法的操作がすらすらとできるようになるまで（つまり習慣化されるまで）文型練習（**パターン・プラクティス**，Pattern Practice）を行います。例えば，スポーツの絵を次から次へと見ながら，I like baseball . / I like swimming . / I like soccer . というように □ の部分の入れ替え練習をしていきます。

　文型練習には，置換（入れ換え練習），付加（表現を付け足していく練習），転換（否定文を作ったり，疑問文を作ったりするなど文構造を変える練習）があります。

外国語教授法の基本の「き」

オーディオ・リンガル・メソッドの利点としては，練習をした表現をすらすらと言えるようになる点が挙げられます。一方，欠点としては，異なる刺激（例：問いかけ）が与えられると反応できない点が挙げられます。

How are you? と聞かれれば，日本の英語学習者は比較的スムーズに I'm fine, thank you. And you? と反応することができます。How are you? という刺激に対する反応（I'm fine, thank you. And you?）を繰り返し練習してきており，習慣形成されているからです。

しかし，How are you doing? や，How have you been these days? というように，少しでも異なる刺激が与えられると反応できなくなってしまいます。つまり，オーディオ・リンガル・メソッドでは，言語を創造的に使用する力までは育成できなかったと言えます。

オーディオ・リンガル・メソッドが基盤とした行動主義心理学も構造言語学も，今では心理学や言語学の領域において主流ではなくなっています。オーディオ・リンガル・メソッドは，日本の英語教育の中ではまだまだ健在のようですが，世界的には衰退していきました。しかし，この背景を理解しておくと，「慣れ親しみ」の指導手順（PPP）であっても，機械的な練習だけでなく意味のあるコミュニケーションをすることが重要であることや，「慣れ親しみ」の指導手順だけにとどまらずに「身につけること」の指導手順（Do—Learn—Do Again）を展開することがコミュニケーション能力を育成するために必要であることが理解できるかと思います。

③ ジャズ・チャンツ

「ジャズ・チャンツ」は，英語教師であると同時にジャズ音楽家であるキャロリン・グラハム（Carolyn Graham）によって提唱されている教授法です。標準的なアメリカ英語をリズミカルに表現したもので，**英語のリズムとイントネーションの理解を深めるための指導法**です。したがって，話すことと聞くことに焦点をあてた教授法です。

ジャズ・チャンツとして扱われるのは，モノローグの英語や，対話形式の

英語です。**場面に適した表現**を学んだり，**対応の仕方**を学んだり，会話のルールなど**文化的な決まり**を学ぶことができます。

例として，Sh! Sh! Baby's Sleeping! (Graham, 1978) の一部を紹介します。

I said, Sh! Sh! Baby's sleeping!
I said, Sh! Sh! Baby's sleeping!

What did you say?
What did you say?

I said, Hush! Hush! Baby's sleeping!
I said, Hush! Hush! Baby's sleeping!

What did you say?
What did you say?

静かにしてもらう時の英語表現として，Sh! Sh!，Hush! Hush! が扱われていますが，この後に続けて，Please be quiet. や Shut up! という表現が使われています。**丁寧さの度合いが異なる依頼表現**を学ぶことができます。

また，聞き返す時の表現（What did you say?）や，聞き返しに対する応答の仕方（I said, "〜 ."）が扱われています。紙面では伝えづらいですが，Graham (1978) 付属の音声教材を聞いてみると，最初は丁寧な口調だったものが，だんだんといらついている声の調子になっていきます。

外国語活動・外国語科でもチャンツが扱われることが多くあります。ジャズ・チャンツの考え方を踏まえると，英語のリズムや音声表現を大切にすることが重要です。しかし，時には，無理やりリズムに合わせるために，英語そのもののリズムを壊してしまっていることがあります。自然な英語のリズムや音声表現を保つように留意しましょう。

7

外国語教授法の基本の［き］

8 第二言語習得理論の基本の「き」

第8章のキーワード
▶インプット仮説　▶アウトプット仮説　▶インタラクション仮説
▶気づき仮説

　人はどのようにして第2言語を習得するでしょうか。この研究領域では，1980年代に日本にも大きな影響力を及ぼしたスティーブン・クラシェン（Stephen Krashen）の「インプット仮説」をはじめとして，メリル・スウェイン（Merrill Swain）の「アウトプット仮説」，マイケル・ロング（Michael Long）の「インタラクション仮説」，リチャード・シュミット（Richard Schmidt）の「気づき仮説」など，いくつかの考え方が提案されています。本章では，それぞれの仮説の基本的な考え方と，外国語活動・外国語科への示唆を紹介します（酒井，2019；酒井・アレン玉井，2020参照）。

① インプット仮説

　「インプット仮説」とはクラシェンが提唱した5つの仮説の1つです（Krashen, 1981, 1985）。クラシェン自身は，5つの仮説を総称し，「モニター・モデル」と呼びましたが，日本では「インプット理論」として紹介されています。

　5つの仮説を簡略に紹介します。

(1) 習得・学習仮説
　習得・学習仮説によれば，第2言語を学ぶ過程には，子どもが母語を身につけるように潜在意識的に学んでいく「**習得**」と呼ばれる方法と，文法規則

を覚えたり，その規則の操作を練習したりするという意識的な「**学習**」と呼ばれる方法の2つがあると想定されています。習得のプロセスを経て得た能力と，学習のプロセスを通して身につけた能力は異なり，習得によって得た能力はコミュニケーションを遂行できる力であり，重要なものであると考えられています。

(2) モニター仮説

モニター仮説によれば，意識的な学習によって得た能力は，限られた役割しか果たさないと考えられました。自分の発話（習得によって得た能力に基づいて産出する発話）が正しいのか，間違っているのかをモニターし，自己修正する機能しかなく，その機能を遂行するには時間的な余裕が必要であるとしています。

(3) インプット仮説

インプット仮説によれば，コミュニケーション能力を得る上で重要な習得というプロセスは，習得しようとしている言語で話されている意味内容や書かれている意味内容を理解することによって生じるとしています。習得のメカニズムそのものについては，ブラックボックスのように未知であり，とにかく言語のメッセージを理解している状況に置かれていれば，学習者の脳は勝手に言語構造や規則を身につけていくと考えられました。インプットの意味内容を理解することが重要であり，学習者は何とかすればその意味を理解できるインプットを多量に，また多種多様に受け取ることが必要であると主張しました。

このインプットのことを，「**理解可能なインプット**」と呼び，「i + 1」と表記されることもあります。i は学習者の言語能力のレベルを示し，i + 1 は学習者の言語能力のレベルよりも少しだけ難しいインプットを意味します。

(4) 自然順序仮説

脳の構造や機能は学習者に共通するので，習得のプロセスが人や環境に

8

第二言語習得理論の基本の「き」

189

よって異なるということはなく，予測される順番を経ていくと考えるのが自然順序仮説です。例えば，複数形の -s は，三人称単数現在形の -s よりも早く習得される，というように，習得には決まった順序があるとされています。

(5) 情意フィルター仮説

　情意フィルター仮説によれば，学習者はインプットを受け取っていたとしても，学習者の情緒的な状態によって，習得が進む場合と進まない場合があるとしています。つまり，動機づけが低く，自信がなく，緊張や不安が高い時，学習者の情意フィルターが上がっており，インプットが習得のプロセスに至らないとしています。

　クラシェンの仮説に基づけば，話す力や書く力（表出する力）は，直接教えられるものではなく，自然に生じるものであり，理解力が高まると自然に発話力が生じてくることになります。発話を強要すると，不安が高まり，情意フィルターが高くなってしまいます。

　また，レディネス（発表できる習得段階）がないのに発話を強要すると，学習した知識を使って母語にもとづいて訳す発話（つまりモニターをかけた発話）になります。習得された能力を使っているわけではありません。

　クラシェンのインプット仮説が外国語活動・外国語科に与える示唆としては，次の点が挙げられます。

- ●児童には英語を使って語りかけよう。
- ●メッセージを重視しよう。
- ●わかりやすくするために，工夫をしよう。
- ●楽しくて不安のない活動，知的に興味深い活動を取り入れよう。
- ●発話を急かさないようにしよう。

---

② アウトプット仮説

　「アウトプット仮説」は，スウェインが 1980 年代半ばに提唱したものです。スウェインは，カナダのイマージョン・プログラムの生徒を対象にしてコミュニケーション能力の調査を行いました。イマージョン・プログラムとは，第 2 言語で学校の授業が教えられるプログラムです。

　調査の結果，第 2 言語能力の熟達度はかなり高く，学力も母語のみで授業を受けてきた学習者と同等であることがわかったものの，文法能力や社会言語学的能力の点から第 2 言語能力の低い側面もあることが示されました。もしクラシェンのインプット仮説が正しければ，授業を通して多量のインプットを受けている生徒たちは第 2 言語を「習得」しているはずです。

　スウェインは，イマージョン・プログラムの生徒たちが話したり，書いたりするアウトプットの機会が少ないことに注目し，**より正しく，より一貫性がある形で，より適切にアウトプットすることが必要**であると考えました。理解可能なインプットは言語習得に必要であるが，それだけでは不十分であると考えたのです。

　スウェインは，1990 年代にアウトプット仮説をさらに推し進めました。アウトプット仮説によれば，アウトプットの役割として，気づき機能，仮説検証機能，そしてメタ言語機能の 3 つがあるとしています（Swain, 1995）。

(1) 気づき機能

　学習者がアウトプットする際に，表現したいけれど自分の能力では表現できないことに気づくという働きです。**自分の能力の不十分さに気づく**と，どう言えばよいか，どう書けばよいかという思いを持ち，その後学習者はインプットに注目し，より効果的にインプットを処理すると考えられています。

(2) 仮説検証機能

　自分の英語が正しいかどうかをアウトプットしながら確認するという働きです。例えば，発音に自信がない時，とりあえず通じるかどうか試してみる

8

第二言語習得理論の基本の「き」

191

ことがあります。相手の反応を見て，これでよかったと思ったり，やはり間違っていたと認識したりします。この機能では，**相手からのフィードバック**によって自分の仮説を検証できるため，相手から与えられるフィードバックが重要な働きをします。

(3) メタ言語機能

アウトプットを行うことを通して，文法知識の運用の熟練化を図ることができるという役割です。

アウトプット仮説の外国語活動・外国語科への示唆として，以下の点が挙げられます。

- もし自発的な発話があったら評価しよう（フィードバックを与えよう）。
- 児童が自然に発話できる機会を与えよう。
- 児童の発話の意味が理解できなかったら，通じていないことを示そう。I beg your pardon? と尋ねたり，You mean, "..."? と確認しよう。

③ インタラクション仮説

クラシェンはインプット仮説で，理解可能なインプットを与えることが重要であると主張しました。そして，語彙や文法の点からインプットを簡略化することは第2言語習得にとって役立つと考えました。しかし，難しい語彙や複雑な文に触れる機会がなかったら，いつまでたってもその語彙や文を習得することができなくなります。

ロングは，1980年代に「インタラクション仮説」を提唱し，難しい語彙や複雑な文に触れながらもその意味を理解するために，インタラクションが重要であることを提案しました。

次のやり取りを見てください。

> 酒井：　What's your name?
> 児童：　Umm.（怪訝そうな表情）
> 酒井：　（名札を指差して）My name is Sakai Hideki.
> 　　　　What's your name?
> 児童：　Ken.
> 酒井：　Oh, your name is Ken.

　What's your name? という質問は，この児童にとって理解可能ではなく，怪訝そうな顔をして，不理解のシグナルを出しました。そこで，例を示したり（My name is Sakai Hideki.），非言語情報を用いたり（名札を指差す）することによって，What's your name? の意味を理解させました。そして，児童は自分の名前を答えることができました。

　このように話し手と聞き手が相互理解を求めてやり取りをすることを，**「意味の交渉」**（negotiation of meaning）と呼びます。上の例のやり取りは，意味の交渉の中で，理解可能ではなかった表現が理解可能になっていく様子を示したものです。

　ロングは，1990 年代半ばに，インタラクション仮説を改訂し，インタラクションの中では，理解可能なインプットを得る可能性が高まるだけでなく，言語形式への気づきを促進し，アウトプットの機会があり，相手からフィードバックを得る機会もあるなど，言語習得を促進する上で最適な環境であると主張しています（Long, 1996）。

　インタラクション仮説が外国語活動・外国語科に与える示唆は，次の通りです。

- ●英語で語りかける時には，理解できているか，理解できていないかを判断するために，児童の反応をよく見よう。
- ●児童が不理解や誤解を示したら，英語を使いながら意味を理解させていこう（コラム B（59 ページ）参照）。

第二言語習得理論の基本の〔き〕

　なお，ロングのインタラクション仮説で扱っているインタラクションとは，言うことが決まっている対話活動ではないので注意してください。ここでのインタラクションとは，伝えたい内容を自分の言葉で表現し，相手とやり取りをすることを意味します。

気づき仮説

　シュミットは 1990 年に「気づき仮説」を提唱し，第 2 言語習得のためには言語形式に気づくことが必要であると主張しました（Schmidt, 1990）。当時の認知心理学の知見では，情報が長期記憶に保存されるなどの学習が生じるためには，その情報はいったん短期記憶（現在では，ワーキングメモリーという概念に代わっています）に登録される必要があります。そのためには，人の意識に上ること（すなわち，気づくこと）が必要条件であると考えたのです。気づきは，第 2 言語習得の必要条件ですが十分条件ではないとしています。つまり，気づいたからといってすべて第 2 言語習得につながるかというと，そうではありません。

　シュミットは，**気づきに影響を及ぼす要因**として，**頻度，顕著さ，学習者の熟達レベル，タスクの条件**を挙げています。例えば，先生が繰り返し使う語句や表現は気づかれやすくなります。あるいは，ゆっくりはっきり発音して顕著さを高めることも気づきの可能性を高めます。ただ，学習者の熟達レベルによって気づく場合もあるし，気づかない場合もあるとしており，頻度や顕著さを高めたからといって気づくことを保障するものではありません。

　アウトプット仮説を提唱したスウェインは，気づきを次の 3 種類に分けています（Swain, 1998）。

(1) 項目の気づき（noticing a form）

　聞いたり読んだりする中で，学ぼうとする言語の音声，語句や表現，文構造，意味と形式の関係，使われ方などに気づくことです。

(2) 穴の気づき（noticing a hole）

　自分の力で言えないこと（すなわち，自分の言語知識に穴があること）に気づくことです。スウェインのアウトプット仮説の気づき機能と関係しています。話したり書いたりする中で，自分が言いたかったけど言えないことに気づくと，その後のインプットをより注意深く取り入れようとする効果があります。

(3) ギャップの気づき（noticing a gap）

　自分の言語使用が間違っていることに気づくことです。ギャップは，学習者の言語知識と学ぼうとする言語体系との違いのことを意味しています。やり取りをしている中で，学習者が誤った発話をした際，通じたか通じなかったかに関するフィードバックを相手から得られることがあります。そのことにより，ギャップに気づくことができます。**リキャスト**（言い直し）と呼ばれるフィードバックは，ギャップの気づき（誤っていることに気づくこと）だけではなく，項目の気づき（どのように言えばよいかという語句や表現の気づき）も与える可能性があります。

　気づき仮説が外国語活動・外国語科に与える示唆は，次の通りです。

- 聞くことなどの言語活動においては，重要な語句や表現を繰り返して頻度を高めたり，ゆっくりはっきりと話して顕著さを高めたりしよう。
- 話すことの言語活動の中では，児童が言いたかったけど言えなかったことの気づき（穴の気づき）が生じている可能性があるので，共有の際に確認したり，児童が言いたかったことを先生が話したりすることによって，インプットを与えよう。
- 児童の発話が誤っていたら，リキャストなどをしてフィードバックを与えよう（コラム B の Expansion（60 ページ）を参照）。

8

第二言語習得理論の基本の「き」

3Kの基本の「き」

　授業作りにおいて,「聞くこと」,「考えること」,「関わること」が大切だと考えています。「カ行」で始まる3語ですので,3K(サンケイ)と呼んでいます。英語では3Is(スリーアイズ)と呼びます。

①聞くこと
(Input-Based Lessons, インプットを重視した授業)

　多くの教師が,児童に英語を表現させたいと願う気持ちを持つことでしょう。この願いを達成するためにも,成果を急がずに,まず児童にしっかりと英語を聞かせることが大切です。

　第1に,聞くことはコミュニケーションの基本だからです。相手の言っていることがわからなければ,コミュニケーションを続けられません。ホテルの場所を英語で尋ねることができたのに,教えてもらった内容が理解できずに道に迷ったままであった,ということがあります。コミュニケーションの双方向性を忘れてはいけません。

　第2の理由として,「聞くこと」は言葉を身につけていく手段だからです。「聞く」「読む」というインプットを十分に受け取らないと,第2言語の習得は促進されません(第8章参照)。

　第3に,「聞くこと」は異文化理解の基本的な姿勢だからです。聞くという行為は,相手を理解したり尊重したりしようとするという姿勢を示しています。相手の言葉をしっかり聞くことによって,違いを認め合ったり,共通点を認識したりすることができます。

②考えること
(Intellectually Interesting Lessons, 興味深い授業)

　「話したい」「伝えたい」という気持ちだけではなく,「聞きたい」「わかりたい」という聞き手の思いを育てることが重要です。そのためには,「考えること」を大切にしたいと考えています。話し手は何を言っているのかということを考えようとすることが大切です。

　「考えること」を大切にする第1の理由は，すでに持っている知識を活性化しながら情報を受け取り，新しい知識を身につけていってほしいと願うからです。外国語活動や外国語科の中では，文化やコミュニケーションする相手についてなど，さまざまな知識を得たり，理解を深めたりする機会があります。聞いた内容を，すでに知っていることと関連づけて初めて「理解した」と言えます。

　第2に，「考えること」を大切にした授業では，児童は知的好奇心を持てるからです。知的に面白いことについては，児童は英語が難しくてもチャレンジしたいと思えるでしょう。

③関わること
（Involvement Rich Lessons，関わりの多い授業）

　「関わること」というのは，一人一人の児童がクラスの中で居場所がある，安心して学べる人間関係が構築されていることを意味します。私はインタラクション（interaction，相互交渉）という英語ではなく，インヴァルヴメント（involvement，関わり合い）という表現を使うようにしています。児童一人一人が，「自分の居場所がある」，つまり「活動に巻き込まれている状態」や「自己関与のある状態」を大切にしたいと考えているからです。

　「関わること」が大切である第1の理由は，その場に安心して存在できなければ，「友とやり取りをする」ことや，「他の人とやり取りをする」ことは難しいと思うからです。教室という環境の中で，個々人が安心して学べる環境を設けたいものです。

　第2の理由は，背景とする文化が異なる人たち同士のコミュニケーションを行えるようになるには，まずは身近な友だち同士のコミュニケーションができなければならないと思うからです。英語によるコミュニケーションというと，すぐに国際的な状況でのさまざまな国の人たちと交流する場面を思い浮かべますが，外国語活動や外国語科ではクラスにいる友だち同士の関わりからスタートすることが重要です。コミュニケーションの輪を徐々に広げていくようにします。

引用文献

Asher, J. (1996). *Learning another language through actions* (5th ed.). Sky Oaks Productions.

Graham, C. (1978). *Jazz chants*. Oxford University Press.

国立教育政策研究所教育課程研究センター. (2020). 『「指導と評価の一体化」のための学習評価に関する参考資料　小学校　外国語・外国語活動』東洋館出版社.

Krashen, S. (1981). *Second language acquisition and second language learning*. Pergamon.

Krashen, S. (1985). *The input hypothesis: Issues and implications*. Longman.

Long, M. H. (1996). The role of the linguistic environment in second language acquisition. In W. C. Ritchie & T. K. Bhatia (Eds.), *Handbook of second language acquisition* (pp. 413-468). Academic Press.

文部科学省. (2017). 『小学校外国語活動・外国語研修ガイドブック』旺文社. https://www.mext.go.jp/a_menu/kokusai/gaikokugo/1387503.htm

文部科学省. (2018). 『小学校学習指導要領（平成 29 年告示）解説外国語活動・外国語編』開隆館出版.

Richards, J. C., Platt, J., & Weber, H. (1985). *Longman dictionary of language teaching and applied linguistics*. Longman. (山崎真稔・高橋貞雄・佐野久美子・日野信行訳『ロングマン応用言語学用語辞典』南雲堂. 1988 年)

酒井英樹. (1998). 「英語で『わかる授業』をするために」大修館書店『英語教育』4 月号, 11-13.

酒井英樹. (2019). 「第二言語習得の理論」鈴木渉・西原哲雄（編）『小学校英語のためのスキルアップセミナー―理論と実践を往還する』(pp. 100-116) 開拓社.

酒井英樹・アレン玉井光江. (2020). 「4 技能 5 領域の指導とその進め方」泉惠美子・小泉仁・築道和明・大城賢・酒井英樹（編著）『すぐれた小

学校英語授業―先行実践と理論から指導法を考える』（pp. 112-125）研究社.

酒井英樹・小林比出代・滝沢雄一・伊東哲.（2018）.「外国語として英語を学ぶ初学者によるアルファベットの手書き文字」『日本児童英語教育学会研究紀要』第 37 号, 1-18.

Schmidt, R. W.（1990）. The role of consciousness in second language learning. *Applied Linguistics, 11*(2), 129-158. https://doi.org/10.1093/applin/11.2.129

Swain, M.（1995）. Three functions of output in second language learning. In G. Cook, & B. Seidlhofer（Eds.）, *Principle and practice in applied linguistics: Studies in honour of H. G. Widdowson*（pp. 125-144）. Oxford University Press.

Swain, M.（1998）Focus on form through conscious reflection. In C. Doughty & J. Williams（Eds.）, *Focus on form in classroom second language acquisition*（pp. 64-81）. Cambridge University Press.

渡邉時夫（監修）. 酒井英樹・塩川春彦・浦野研（編著）.（2003）.『英語が使える日本人の育成―MERRIER Approach のすすめ』三省堂.

渡辺時夫・野澤重典・酒井英樹.（1997-1998）.「MERRIER Approach のすすめ」大修館書店『英語教育』4 月号～3 月号.

索　引

［著者紹介］

酒井英樹（さかい　ひでき）
信州大学学術研究院教育学系教授。教育学博士 (Doctor of Education)。中学教諭、上越教育大学講師を経て現職。小学校英語教育学会理事、日本児童英語教育学会理事、中部地区英語教育学会会長を務める。学会や研修会で外国語活動・外国語科に関する講演やワークショップを多数行っている。主な著書に『小学校で英語を教えるためのミニマム・エッセンシャルズ―小学校外国語科内容論―』（共著、三省堂）、『「学ぶ・教える・考える」ための実践的英語科教育法』（共著、大修館書店）。

小学校の外国語活動・外国語科　基本の「き」
© Sakai Hideki, 2023　　　　　　　　　NDC375／204p／21cm

初版第1刷——2023年4月20日

著者————酒井英樹
発行者———鈴木一行
発行所———株式会社 大修館書店
　　　　　　〒113-8541 東京都文京区湯島2-1-1
　　　　　　電話03-3868-2651（販売部）　03-3868-2293（編集部）
　　　　　　振替00190-7-40504
　　　　　　［出版情報］https://www.taishukan.co.jp

装丁デザイン—松岡昌代（WELL PLANNING）
印刷所————広研印刷
製本所————難波製本

ISBN978-4-469-24664-3　Printed in Japan

「学ぶ・教える・考える」ための
実践的英語科教育法

酒井英樹・廣森友人・吉田達弘　編著

英語の学習と指導についての知識や技能を，①英語・教育政策編，②学習者要因編，③指導編の3本柱で構成，読者が自らの学習経験を振り返りながら考える活動を随所に取り入れた。ハンドアウトやURLリンクのコンパニオン・ウェブサイトも充実。

24622-3　A5判・336ページ　定価2,640円

英語教育論文執筆ガイドブック
ジャーナル掲載に向けたコツとヒント

廣森友人　編著

研究論文の基本的な構成や，研究方法別の論文の書き方のポイントを整理し，投稿から掲載までのプロセスに沿って，学会紀要誌に採用されやすい論文を書くためのノウハウを解説。査読コメントに対応した原稿修正方法の具体例も多数紹介。

24639-1　A5判・178ページ　定価1,870円

英語教育用語辞典　第3版

白畑知彦・冨田祐一・村野井仁・若林茂則　著

語学教育誌や専門書に頻出する，英語／外国語教育学や第二言語習得研究に関連する項目についてわかりやすい具体例を示しながらコンパクトに解説。学生から教員まで外国語教育に関わる人すべてに必携の一冊。巻末付録：日本語索引，略語一覧

24628-5　四六判ビニール装・386ページ　定価2,750円

コア・カリキュラム準拠

小学校英語教育の基礎知識

村野井 仁　編著

小学校教員養成課程外国語コア・カリキュラム「外国語の指導法」「外国語に関する背景的事項」および中・高等学校教員養成課程外国語コア・カリキュラム「英語科に関する専門的事項」の内容を網羅，指導法と英語の専門的知識の両面をカバーした1冊。

24618-6　A5判・240ページ　定価 2,200 円

英語科教育実習ハンドブック　第 4 版

加藤茂夫・杉山敏・荒木美惠子　著

「教育実習に行く前」「教育実習先で」「実習を終えて」の3段階に分け，現代の学校現場に赴く教育実習生に必要な情報を網羅。実習準備から，授業観察のポイントや指導案作成の方法，ICTやUDなど教育現場の実情まで紹介した実習生必携の書。

24644-5　A5判・258ページ　定価 2,420 円

英語教師のための「実践研究」ガイドブック

田中武夫・髙木亜希子・藤田卓郎・滝沢雄一・
酒井英樹　編著

日々の授業実践の疑問，悩み，課題を研究するために，ひとりでも，いつでも，気軽に始められることができるのが「実践研究」である。研究の始め方からデータ収集・分析，発表に至る具体的なプロセスまでを解説した入門書。

24627-8　A5判・272ページ　定価 2,420 円